L'Histoire et la Géographie après le lycée

L'Histoire et la Géographie après le lycée

Réussir en *classes préparatoires* et à *Sciences Po*

Gisèle MORET-DEYSSON
Nicolas VINCI

ellipses

À nos professeurs, à nos élèves et à nos proches, merci !

ISBN 9782340-010963

32, rue Bargue 75740 Paris cedex 15

www.editions-ellipses.fr

INTRODUCTION.
L'histoire et la géographie après le lycée : épistémologie de deux disciplines autonomes

La géographie, cette inconnue

Si la géographie, dans le secondaire, est enseignée en association avec l'histoire, il n'en demeure pas moins que pour nombre de bacheliers elle reste entourée de mystères et semble parfois même moins accessible, voire moins attrayante, que l'histoire. Plusieurs facteurs peuvent expliquer ce constat : un relatif manque de temps pour pouvoir approfondir et « s'amuser » en géographie, et des équipes pédagogiques souvent davantage sensibilisées à l'histoire. Ce n'est pas tout : pour véritablement aimer la géographie, il faut une certaine maturité, un esprit critique qui, la plupart du temps, ne font encore qu'émerger au lycée. Par ailleurs, la géographie est une science qui a connu de nombreux bouleversements épistémologiques, et cette richesse peut parfois la rendre moins lisible aux yeux des non-initiés. Combien de personnes ne pensent-elles pas encore que la géographie revient à savoir localiser des lieux, donner le nom des capitales ? On en vient à ce paradoxe, après des années de cours de géographie au collège et au lycée, que les étudiants qui arrivent en première année de classes préparatoires ne savent pas réellement ce qu'est la géographie...

Mais alors... qu'est-ce que la géographie ? Si l'on considère son étymologie qui provient du grec ancien, la géographie est la description de la Terre. Si elle s'est résumée à cela à ses débuts, aujourd'hui elle est beaucoup plus complexe et diverse. C'est pourquoi pour comprendre et faire de la géographie, il est important de saisir son évolution en tant que science sur le temps long.

La construction de la pensée géographique

De l'Antiquité au XIXe siècle : la géographie comme « entrée en possession de la terre » (Ph. Pinchemel *et al.*, 1984)

À ses débuts, la géographie est effectivement une mesure et une description du monde.

■ La mesure du monde

Dès l'Antiquité les savants tentent de mesurer la Terre, à commencer par sa circonférence. Celle-ci a été calculée par Eratosthène d'Alexandrie au IIIe siècle avant J.-C. Ses travaux sont fondamentaux dans l'histoire de la cartographie, car ils permettent de situer n'importe quel lieu sur le globe terrestre grâce à ses coordonnées, à savoir sa latitude au nord ou au sud de l'équateur (ce sont les lignes horizontales sur une carte topographique qui, comme c'est le cas le plus fréquent depuis l'Antiquité, a le nord en haut) et sa longitude à l'est ou à l'ouest du méridien de référence (ce sont les lignes verticales). Le calcul relativement précis de la latitude avait été rendu possible par l'invention du gnomon, sorte de cadran solaire, qui s'apparente à une tige verticale dressée sur un plan horizontal. Cette technique a été ensuite perfectionnée par les Arabes avec l'astrolabe. En revanche, les Grecs eurent du mal à mesurer les longitudes, comme le montre l'œuvre de Ptolémée, astronome et géographe grec alexandrin du IIe siècle, qui tenta de placer sur une carte du monde toutes les terres et toutes les villes connues à son époque. Le calcul exact de la longitude, qui nécessite de connaître l'heure du méridien d'origine, ne sera possible qu'à partir du XVIIIe et surtout du XIXe siècle, avec l'introduction des premiers chronomètres de marine.

La description du monde

Cette mesure progressive de la Terre s'est accompagnée d'une volonté de description, une volonté de faire l'inventaire d'un monde qui alors n'était pas un monde fini au sens d'entièrement connu. Hérodote (v. 484-v. 425 avant J.-C.) a ainsi décrit les peuples et leurs territoires à travers des récits de voyage et c'est pour cela qu'il est considéré par certains géographes, dont Yves Lacoste, comme un des principaux fondateurs de la géographie, même si ce sont d'autres Grecs, deux siècles plus tard, qui ont défini ce champ du savoir.

Dans cette description du monde, la frontière reste floue entre mythe et connaissance réelle : peuples et créatures imaginaires peuvent côtoyer des peuples bien réels. La géographie est donc bien, à ce moment-là de son développement, une mise en récit du monde, une écriture de la Terre qui traduit un désir d'appropriation.

Les itinéraires maritimes (connus sous le nom de périples), puis les itinéraires terrestres sous l'Empire romain, jouèrent aussi un rôle très important, sous forme de listes de ports ou de stations routières qui étaient parfois complétées par des cartes. Celles-ci ont presque toutes disparu, mais leur tradition s'est maintenue jusqu'au Moyen Âge, par l'intermédiaire de la *Géographie* de Ptolémée qui a fait très longtemps figure de modèle, mais aussi grâce aux travaux de géographes arabes, comme al-Idrisi (XIIe siècle).

La description du monde se poursuit avec les grandes explorations de l'époque moderne, puis avec l'exploration de l'Afrique au XIXe siècle, qui s'accompagne de la formation de sociétés de géographie souvent encouragée par les États colonisateurs. Au XIXe siècle, la géographie est aussi une science au service du pouvoir et européano-centrée car liée à l'expansion coloniale. Elle est ainsi un instrument de l'impérialisme et correspond en cela à la fameuse expression d'Yves Lacoste : « La géographie, ça sert, d'abord, à faire la guerre » (1976). En effet, la géographie, en aidant à mieux organiser les territoires, permet aussi de mieux contrôler les hommes qui y vivent.

En France, jusqu'aux années 1960-1970 : la géographie classique ou vidalienne

■ Une géographie naturaliste : le « possibilisme »

À partir des années 1870-80, se diffusent les idées de Paul Vidal de la Blache (1845-1918) connu pour ses ouvrages de géographie humaine, physique et régionale (comme son *Tableau géographique de la France*, 1903). Ce courant a été prédominant jusque dans les années 1960-70, surtout en France, même s'il a eu un rayonnement important à l'étranger.

La géographie classique ou vidalienne est avant tout naturaliste, c'est-à-dire qu'elle considère le milieu naturel comme le principe organisateur des sociétés. En d'autres termes le milieu naturel offre des « possibilités » aux êtres humains, qu'ils choisissent, produisant ainsi des genres de vie : c'est le « possibilisme » (notion forgée par l'historien Lucien Febvre pour définir la géographie de Vidal de la Blache, 1922). La nature imposerait des contraintes qui orientent les comportements sociaux. Le cadre physique est donc un invariant au rôle fondamental. On perçoit dans ce courant l'influence de l'évolutionnisme darwinien. C'est pourquoi toute étude géographique dite vidalienne passe d'abord par l'étude du milieu et se concentre sur l'étude des relations verticales entre la nature et les hommes.

■ La méthode vidalienne : l'induction

La méthode de la géographie vidalienne découle du constat de la prédominance du milieu). Elle est fondée sur l'induction, c'est-à-dire qu'elle part du cas particulier pour aboutir au général. Mais en réalité la géographie vidalienne s'est surtout affirmée comme science idiographique (qui analyse des cas isolés) et a par conséquent principalement donné naissance à une succession de monographies (études détaillées d'un espace particulier) et d'études régionales, donnant ainsi un caractère encyclopédique à la géographie. Cette approche donne un rôle déterminant à la notion de paysage et à la géographie physique qui s'affirme à cette époque, notamment avec le développement de la géomorphologie, c'est-à-dire l'étude des formes de la surface terrestre.

L'écueil rencontré par la géographie vidalienne a été celui du déterminisme qui est en fait une mauvaise appréhension du possibilisme. Le déterminisme, qui explique les phénomènes sociaux uniquement par les facteurs et contraintes physiques, est la bête noire du géographe car il n'est qu'une simplification de la complexité des phénomènes spatiaux et sociaux.

Le kaléidoscope de la géographie actuelle

À partir des années 1960 mais surtout 1970, les géographes se font plus nombreux et la discipline se renouvelle dans le mouvement de la « Nouvelle Géographie ». Depuis, la géographie se définit dans sa pluralité à travers un point qui est commun à tous les courants actuels de la géographie : l'espace.

La Nouvelle Géographie

Un renouvellement d'abord anglo-saxon

La remise en cause de la géographie classique est d'abord venue des pays anglo-saxons. Leur rôle dans le renouvellement de la discipline s'explique par deux facteurs : ces pays s'imposent de plus en plus dans le système universitaire mondial et, surtout, sont moins dominés par la géographie vidalienne qui trouve ses origines en France. En outre, la remise en cause est née dans le contexte de la crise puis de la récession économique des années 1930, qui a d'abord touché les États-Unis. Les géographes anglo-saxons et en particulier étasuniens ont senti la nécessité d'orienter la géographie sur des thématiques davantage économiques et d'organisation sociale en accord avec les bouleversements de leur temps. C'est aussi dans les années 1930, c'est-à-dire au moment de son essor, que la ville, qui jusque-là n'avait pas eu le premier rôle, devient pleinement un objet géographique.

L'école de Chicago

Lorsque l'on parle de l'école de Chicago, on fait référence à un mouvement de pensée en sociologie urbaine qui a proposé des modèles pour étudier la ville et son fonctionnement. Mais il faut bien prendre conscience que cette étiquette « école de Chicago » a été donnée *a posteriori* et regroupe en réalité une certaine diversité.

- **Pourquoi Chicago ?** Chicago est dans les années 1920-1930, le prototype de la ville étasunienne peuplée de migrants européens et de Noirs en provenance du Sud, et dont la croissance est fulgurante. Chicago est alors une véritable ville-champignon, qui sert de référence à la sociologie urbaine sous l'impulsion d'Ernest Burgess et Robert Park en 1925.
- **Que cherche-t-on à expliquer ?** Les sociologues constatent que l'arrivée massive de migrants dans la ville se traduit spatialement par la constitution de quartiers aux profils ethniques et sociaux distincts, et que cette division socio-spatiale ne cesse d'évoluer. Plusieurs modèles sont alors proposés pour expliquer cette constante recomposition de la ville : du modèle strictement concentrique d'Ernest Burgess (1925) au modèle polynucléaire d'Edward L. Ullmann (1945) en passant par le modèle sectoriel de Homer Hoyt (1939).
- **Une pensée organiciste.** La pensée de l'école de Chicago est née d'une comparaison entre la croissance des villes liée aux mobilités et le développement physique d'un organisme vivant. On parle d'écologie urbaine à propos de l'école de Chicago car comme l'écologie, elle étudie l'interaction entre les êtres vivants (ici les habitants d'une ville), leur habitat et leur environnement. Ces interactions sont souvent décrites à travers la mise en évidence de processus de domination, d'invasion et de succession entre les groupes.
- **Le mécanisme d'accroissement des villes.** L'idée principale de l'école de Chicago est que les migrants arrivent dans un premier temps au centre de la ville. Dans un second temps, ces migrants vont sortir de ces quartiers du fait d'une mobilité résidentielle qui marque la fin de l'entre-soi. Dans l'optique de l'école de Chicago, le migrant est relativement passif et c'est le système urbain, tel un organisme vivant, qui active ce mécanisme, dépassant les volontés individuelles. Le développement des quartiers de la ville se fait ainsi en fonction des groupes sociaux, des prix fonciers et de la mobilité des catégories aisées vers les banlieues. Il en résulte une mosaïque articulée autour d'un centre qui fonctionne sur un mode de concurrence entre groupes ethniques et sociaux, dans un processus d'invasion et d'appropriation de l'espace. Les quartiers ainsi définis sont appelés « aires naturelles ».

- **Le modèle de l'école de Chicago est avant tout un modèle gravitaire** (c'est-à-dire fondé sur une relation centre-périphérie). Ce modèle strictement gravitaire a été nuancé avec le modèle de Homer Hoyt qui prend en compte le rôle des axes de transport puis avec celui d'Edward Ullmann qui met en avant l'existence d'une pluralité de noyaux aux fonctions spécifiques (résidentielle, industrielle...).
- Les trois principaux modèles de l'école de Chicago

Le modèle concentrique *D'après Burgess, 1925*

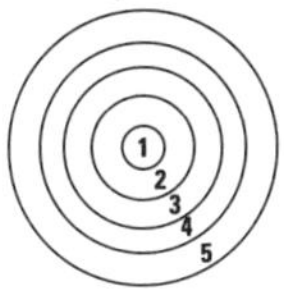

La distance à la zone centrale détermine le mode d'utilisation du sol et le type de population

Le modèle sectoriel *D'après Hoyt, 1939*

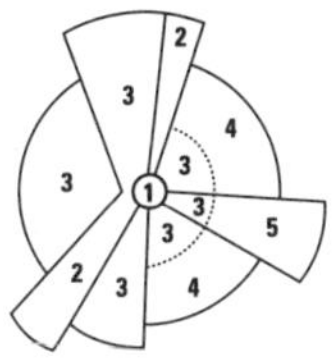

L'effet du gradient centre-périphérie se combine à celui de la distance aux axes de transport

Le modèle polynucléaire *D'après Ullmann, 1945*

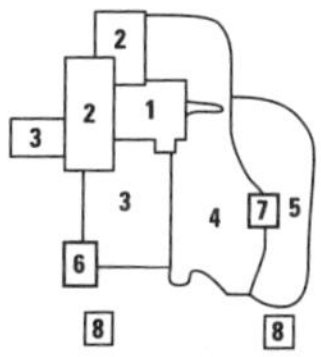

L'éclatement de l'organisme urbain en structure multi-nucléaire articulée par les axes de transport donne ce schéma.

Types d'utilisation du sol

1. Centre d'activités (CBD)
2. Commerce de gros, industrie légère
3. Résidentiel à loyers modérés
4. Résidentiel à loyers moyens
5. Résidentiel à loyers élevés
6. Industrie lourde
7. Grande surface commerciale
8. Parc industriel

- **Un des dépassements de cette « école de Chicago »** a été opéré par Michael Dear (école de Los Angeles) pour qui l'approche centre-périphérie ne fonctionne plus aujourd'hui et qui propose dans les années 1980 un autre modèle : celui d'un espace urbain éclaté, fragmenté. Ce courant qui prend le contre-pied de l'école de Chicago est basé sur une autre ville élevée au rang de modèle comme l'a été Chicago dans les années 1930 : Los Angeles.

La géographie comme science sociale

C'est un géographe étasunien, Edward L. Ullman (1912-1976), qui fut l'un des premiers à définir la géographie comme une science sociale. Ce positionnement est essentiel car il est en rupture avec la géographie classique, vidalienne, qui définissait la géographie comme une science naturelle. Ainsi, selon Edward L. Ullman, la géographie doit analyser d'abord et surtout les liaisons horizontales (hommes à hommes) et donc la dimension sociale des phénomènes étudiés. Or, avec la géographie classique il s'agissait, au contraire, de privilégier les relations verticales homme-milieu. L'objectif de la Nouvelle Géographie est de montrer que l'organisation socio-spatiale n'est pas aléatoire mais qu'elle répond à des règles, à des lois.

Les méthodes de la Nouvelle Géographie : la déduction et la modélisation

Ce renouvellement de l'objet d'analyse de la géographie s'accompagne nécessairement d'une remise en cause de la méthode géographique classique de l'induction. La Nouvelle Géographie cherchant à se positionner comme « science dure », à savoir comme une science qui permet d'établir des lois générales ou universelles (science nomothétique), ses méthodes s'appuient alors sur l'emploi des mathématiques, des statistiques et des modélisations. Cette tendance s'inscrit clairement dans le positivisme, courant de pensée qui exige d'une science qu'elle soit fondée sur l'analyse de faits et sur l'expérience scientifique, seule à pouvoir fournir une certitude. Concrètement, cela signifie que pour expliquer une organisation socio-spatiale donnée, on va d'abord poser une hypothèse théorique, de laquelle on déduit certaines conséquences qui permettent d'élaborer un modèle explicatif. Enfin, dans une dernière phase, on expérimente en confrontant le modèle à la réalité. Si cela correspond, alors on peut établir des lois générales. C'est ainsi que de l'induction, la géographie est passée à la déduction.

Cette science renouvelée, modélisante et déductive, avec pour principal objet l'analyse de la localisation et distribution des sociétés et de leurs activités, et des processus qui ont amené ce résultat, a été baptisée par Peter Gould dans les années 1960 « *the New Geography* ». Néanmoins on estime que les balbutiements de la Nouvelle Géographie s'expriment dès les années 1930 et surtout 1950.

Ce renouvellement épistémologique n'arrive véritablement en France qu'à la fin des années 1960. Une arrivée aussi tardive s'explique par la prédominance de la géographie vidalienne dans le système universitaire français, hostile à ce nouveau courant qui ne privilégiait plus le milieu naturel. Les principaux protagonistes du renouvellement de la géographie en France sont Paul Claval (*La Nouvelle Géographie*, 1970) ou encore Philippe Pinchemel. De ce renouvellement découle le courant de l'analyse spatiale qui a pour objet d'analyser les interactions entre les lieux et en particulier leur répartition dans l'espace, ainsi que le fonctionnement des structures et réseaux constitués par ces lieux. S'inscrivent dans ce courant de l'analyse spatiale plusieurs géographes comme Denise Pumain et Thérèse Saint-Julien (analyse spatiale quantitative) ou encore Roger Brunet (analyse spatiale systémique, c'est-à-dire qui cherche à mettre en évidence les structurations internes d'un espace).

La chorématique

Roger Brunet fonda dans les années 1980 une nouvelle façon de modéliser les phénomènes géographiques : la chorématique. Celle-ci utilise des chorèmes qui sont les « structures élémentaires de l'espace » représentées par des formes géométriques (points, lignes, surfaces et directions) qui permettent de schématiser l'essentiel de ce qui se joue sur un espace. Exemple de chorèmes : les limites du territoire, son quadrillage (principaux axes de transports) ou encore le maillage du territoire (sa division).

Cette nouvelle modélisation géographique a été âprement discutée par d'autres géographes comme Yves Lacoste qui lui reproche d'être trop mathématique et de mettre de côté les aspérités du réel en vertu d'une scientificité et d'une simplicité somme toute « illusoires » (« Les géographes, la science et l'illusion », *Hérodote*, n° 76, 1995). Ce qui est, en fait, surtout critiqué, c'est la diffusion de ce type de modélisation dans les manuels scolaires et dans les milieux décideurs de l'aménagement territorial au détriment de représentations plus complexes.

Chorème sur l'estuaire de la Seine

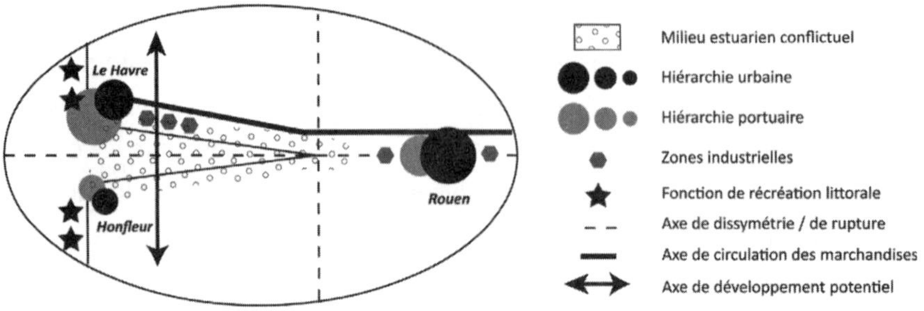

Source : d'après Evrard et Féménias, *in* Auburtin et Mangin, Ellipses, 2014.

Aujourd'hui, des géographies et un dénominateur commun : l'espace

Les limites de la Nouvelle Géographie : « l'illusion quantitative » ?

La Nouvelle Géographie a été à son tour remise en cause pour plusieurs raisons. Son fondement positiviste a conduit à ce qui a été appelé par Pierre George « l'illusion quantitative » (1972). Ainsi, cette géographie quantitative fondée sur un usage poussé des statistiques s'est beaucoup intéressé à la ville mais pas dans son ensemble puisqu'elle s'est surtout centrée sur l'analyse de ses fonctions et sur l'étude des relations entre les villes (analyse spatiale). De fait, la Nouvelle Géographie bercée par « l'illusion quantitative » a délaissé de nombreux champs de la géographie, redécouverts à partir du début des années 1970 par différents courants géographiques comme la géographie radicale. Ses auteurs voient d'un mauvais œil les relations étroites qu'entretiennent les géographes partisans de l'analyse spatiale et les décideurs (dans le milieu de l'aménagement territorial en particulier).

De la géographie radicale à la géopolitique : nouveaux axes de recherche, nouvelles postures

Dans les pays anglo-saxons et dans le contexte de bipolarisation idéologique du monde des années 1960-1970, apparaît la géographie radicale, inspirée du marxisme. Comme son étymologie l'indique, la géographie « radicale » vise à chercher la racine du problème. Dans le cadre d'une pensée marxiste, la racine est le capitalisme qui génère une organisation sociale profondément inégalitaire qui se traduit à la fois dans la production et dans l'organisation des espaces. C'est donc également une géographie militante qui s'attelle à de nouveaux champs de recherche comme le sous-développement (en lien avec la notion de Tiers-monde), la pauvreté et les rapports de domination sociaux-spatiaux sous toutes ses formes et en particulier en milieu urbain. Les géographes les plus connus liés à la pensée marxiste sont Henri Lefebvre (*Le Droit à la ville*, 1968), les géographes de la revue *Antipode* comme David Harvey (*The Urbanization of Capital*, 1985), et le fondateur de la revue *Hérodote*, Yves Lacoste. Aujourd'hui la géographie radicale, mise à mal par la disparition de l'URSS, trouve un second souffle (mais où la place du marxisme est sensiblement minorée) dans un courant plus large : la géographie critique que l'on pourrait définir comme une remise en cause constante des « formes établies de pensée et [des] formes établies de vie collective » (Loïc Wacquant, 2001).

C'est également dans cette dynamique que s'inscrit la renaissance de la géopolitique. En France, il s'agit très clairement d'une renaissance liée aux travaux d'Yves Lacoste (*La géographie, ça sert, d'abord, à faire la guerre*, 1976). La géopolitique est née en Allemagne au début du XXe siècle en particulier en réaction au traité de Versailles (1919). La *Geopolitik* s'est ensuite développée dans les années 1930 au service du nazisme comme instrument de légitimation pseudo-scientifique du pangermanisme. C'est pour cela que dans l'après-guerre, la géopolitique fut mal perçue et fut un champ de la géographie inexploitée pendant des décennies. Ce n'est qu'à la fin des années 1970 et surtout dans les années 1980 que la géopolitique se développe à nouveau, débarrassée de la connotation négative qui lui était jusqu'alors attachée. La géopolitique est aujourd'hui un champ de recherche géographique particulièrement dynamique et qui s'articule autour du questionnement sur les conflits territoriaux à différentes échelles. La géopolitique (comme la géographie culturelle, *cf. infra*) mobilise la notion de territoire qui lui est fondamentale. Cette notion de territoire (espace approprié par un groupe), qui est aujourd'hui et depuis les années 1980, une des notions phares de la géographie, permet de soulever des questionnements sur les liens entre l'espace approprié (le territoire), les acteurs de cet espace, les sentiments d'appartenance, les représentations, et les identités.

> « La géopolitique est donc l'analyse des rivalités de pouvoir pour des territoires. Dans un grand nombre de cas, ces territoires ne présentent objectivement guère d'intérêt économique ni stratégique. Mais leur signification symbolique est grande pour l'un et l'autre des groupes adverses dans chacun de ces conflits. Pour comprendre ces rivalités ou ces conflits, il faut tenir en compte des représentations contradictoires qu'en ont les protagonistes, c'est-à-dire la façon dont chacun d'eux se raconte l'histoire et se représente à tort ou à raison ses adversaires et les enjeux de la situation. [...] L'idée de nation est la plus forte des représentations géographiques. »
>
> Yves Lacoste, *De la géopolitique aux paysages. Dictionnaire de la géographie*, Armand Colin, 2007.

La géographie culturelle, antithèse de l'analyse spatiale

L'analyse spatiale a également été reléguée au second plan par la géographie culturelle qui adopte une démarche très éloignée de la facette quantitative de l'analyse spatiale. La géographie culturelle vise, en effet, à étudier les phénomènes culturels en lien avec les espaces, en mettant en évidence les composantes symboliques de l'organisation spatiale des territoires. C'est dans ce courant de pensée géographique que s'inscrivent des axes de recherche comme celui de l'analyse du rapport entre l'espace et les normes sociales, l'étude des relations qu'entretiennent image et espaces publics ou encore celle des phénomènes religieux à différentes échelles... La géographie culturelle a émergé en France dans les années 1980-1990 avec notamment, en France, le géographe Paul Claval qui a fondé, en 1992, la revue *Géographie et cultures*. Aujourd'hui les géographes français les plus connus de la géographie culturelle sont Claire Hancock et Jean-François Staszak pour les questions d'altérité et d'exotisme ou encore Béatrice Collignon (*Les Inuit, ce qu'ils savent du territoire*, L'Harmattan, 1996).

Panorama des différents courants de la géographie actuelle

- **Géographie physique/Géographie humaine** :
  - **Géographie physique** : champ de la géographie qui a longtemps été dominant dans la discipline (fin XIXe – première moitié du XXe siècle). Ses axes de recherche sont multiples :
    - Climatologie, soit l'étude des climats ;
    - Géomorphologie, soit l'étude des formes du relief ;
    - Hydrologie, soit l'étude des fleuves et des océans ;
    - Pédologie, soit l'étude des sols ;
    - Biogéographie, soit l'étude de la répartition des espèces animales et végétales.
  - **Géographie humaine** : aujourd'hui dominante en géographie, elle s'est développée plus tardivement (surtout à partir de la seconde moitié du XXe siècle) et a pour objet l'étude des phénomènes humains en relation avec les espaces à différentes échelles. Tout comme la géographie physique, ses champs sont multiples : géographie de la population (démographie), géographie rurale, géographie urbaine, géographie sociale, géographie culturelle, géographie de la santé...

  Le couple géographie physique / géographie humaine a longtemps été structurant. Néanmoins, aujourd'hui les limites entre ces deux champs de la géographie sont de plus en plus floues et contestées en raison de l'importance de l'interpénétration entre phénomènes physiques et humains. C'est d'ailleurs dans ce contexte qu'est née la géographie environnementale qui n'est autre qu'un renouvellement de la géographie physique. Ainsi, les champs traditionnels de la géographie physique (climatologie, hydrologie, biogéographie, pédologie, géomorphologie) sont désormais analysés par le truchement des notions de développement durable et de risques, qui permettent de mettre davantage en évidence les interactions hommes-milieu, remettant en cause une différenciation disciplinaire nette entre géographie physique et géographie humaine.

- **Géographie rurale** : elle s'est développée dans la première moitié du XXe siècle et vise à analyser les formes d'habitat rural et l'organisation spatiale, technique et économique de la production agricole.

- **Géographie urbaine** : elle s'est constituée plus tardivement, dans la seconde moitié du XXe siècle. En effet, dans la géographie vidalienne, la ville n'a pas le premier rôle. Lorsqu'elle est traitée, c'est seulement dans le cadre de monographies régionales (*cf.* l'ouvrage de Raoul Blanchard – élève de Paul Vidal de la Blache – sur Grenoble en 1911) avec une méthodologie structurée autour de la mise en évidence de quatre éléments : le site, la situation, les fonctions de la ville et les étapes de sa croissance. L'objectif étant de décrire et d'expliquer la croissance d'une ville comme celle d'un organisme vivant (vision organiciste). Cette méthodologie d'analyse de la ville est rapidement devenue la façon principale, et parfois la seule, pour appréhender les villes dans la première moitié du XXe siècle. Aujourd'hui cette méthodologie est sensiblement dépassée mais ses héritages sont encore perceptibles dans l'exercice du commentaire de carte des classes préparatoires.

La géographie urbaine en tant que telle est née plus tard (seconde moitié du XXe siècle) et en particulier dans les pays anglo-saxons, dans le sillon de l'école de Chicago, en lien avec l'essor important des villes. Ainsi la « Nouvelle Géographie » (*cf. supra*) a pour principal objet les villes et en particulier les réseaux et hiérarchies urbains (analyse spatiale). Depuis les années 1980, à ce traitement de la ville, s'est ajoutée l'étude d'autres composantes de la ville (sociale, géopolitique, culturelle...) et une analyse davantage en intra-urbaine (échelle locale).

- **Analyse spatiale** : *cf. supra*.
- **Géographie sociale** : elle vise à analyser les répercussions sur les espaces des inégalités sociales comme par exemple la mise en lumière des phénomènes de divisions socio-spatiales dans les villes. L'un des axes de recherche les plus forts de la géographie sociale aujourd'hui est celui de la question de la justice spatiale, et en cela est sensiblement associée aux géographies radicale et critique, évoquées précédemment.

> « Dimension fondamentale des sociétés humaines, l'organisation de l'espace est la traduction géographique des faits de société et rétroagit elle-même sur les relations sociales (Lefèbvre, 1974). En conséquence, la justice et l'injustice s'y donnent à voir. Autrement dit, l'analyse des interactions entre espace et société est nécessaire à la compréhension des injustices sociales et à la réflexion appliquée sur les politiques territoriales visant à les réduire. »
>
> « justice spatiale | spatial justice », mai 2009, www.jssj.org/qui-sommes-nous.

- **Géographie critique**.
- **Géopolitique** : *cf. supra*.
- **Géographie culturelle** : *cf. supra*.
- **Géohistoire** : terme créé par Fernand Braudel. Il s'agit de l'étude de la formation de territoires et des organisations politiques sur le « temps long ». Aujourd'hui, l'un des principaux tenants de ce courant est Christian Grataloup.

■ La géographie, entre pluralité et unité

Cette pluralité des courants qui forment la géographie pourrait apparaître comme un désavantage qui ferait de la géographie une discipline « fourre-tout ». En réalité, il n'en est rien, cette pluralité est une richesse qui fait de la géographie une véritable science-carrefour, à la fois science naturelle, science humaine et science sociale.

Cette pluralité trouve son unité dans son objet d'étude : l'espace, c'est-à-dire « l'espace comme dimension de toute vie sociale » (J. Lévy, 2003), en somme la « Terre des hommes » (P. Claval, 2012). La géographie est ainsi l'étude de l'organisation des êtres humains vivant en société dans l'espace et qui par là même le transforment.

> « Il n'y a pas de société sans espace pour lui servir de support »
>
> Paul Claval, *La Géographie culturelle*, 1995

Pour le dire autrement et simplement, la géographie c'est répondre à cette question : « pourquoi est-ce là et pas ailleurs ? » (F. Durand-Dastès, 1984).

L'histoire, cette vieille connaissance

La section précédente a permis de faire la rencontre de la géographie qui, pour nombre d'étudiants en hypokhâgne ou en première année à Sciences Po demeure une grande inconnue. Ce vertige de l'inconnu, les étudiants ne le ressentent généralement pas au sujet de l'histoire. En effet, les étudiants sont familiers de cette discipline puisqu'ils l'ont pratiquée à l'école depuis leur plus jeune âge et car le récit historique imbibe leur paysage culturel, notamment audiovisuel : émissions de télévision consacrées à tel ou tel sujet historique, docu-fictions, films historiques...

Néanmoins, l'histoire, cette vieille connaissance, déroute plus d'un étudiant lors des premiers cours ou conférences de méthode du semestre, mais aussi et surtout à l'issue du premier devoir dont la note – généralement bien plus basse que les résultats obtenus au baccalauréat – ne tarde pas à susciter des doutes. Dès lors, pour aborder sereinement cette discipline que l'on croit peut-être un peu trop connaître en sortant du lycée, il convient de savoir d'où elle vient et, surtout, où elle va. Ainsi, l'étudiant comprendra pourquoi le simple apprentissage de ses cours et de quelques repères chronologiques ne suffit plus à garantir l'obtention de bonnes notes. Au contraire, il faut pour cela aller bien plus loin, et faire sienne la démarche historique.

D'où vient l'histoire ? Genèse de la démarche historique en France

L'histoire de l'histoire : la notion d'historiographie

La notion d'historiographie constitue une des découvertes les plus importantes de l'étudiant de première année, que ce soit à Sciences Po ou en classes préparatoires. En effet – même si le propos est quelque peu caricatural – la connaissance historique est, globalement, délivrée aux lycéens de façon définitive : dans l'optique de l'épreuve d'histoire-géographie au baccalauréat, on demande au candidat de connaître toute une série de grands faits et de grandes évolutions de l'histoire mondiale, sans nécessairement avoir à démontrer l'existence de ces faits ou à devoir les interpréter. Aussi ces faits constituent-ils des acquis indiscutables dans l'esprit de la plupart des lycéens.

Cette attitude ne suffit plus pour appréhender l'histoire dans l'enseignement supérieur. Un des objectifs des enseignants en histoire en classes préparatoires ou à Sciences Po est de permettre aux étudiants de s'exercer à développer leur esprit critique vis-à-vis de la construction du discours sur le passé. Dès lors, l'étudiant est sensibilisé aux débats historiographiques, c'est-à-dire à la possibilité qu'un événement soit interprété de façons divergentes et parfois opposées par différents historiens. Un des exemples canoniques de cette sensibilisation aux débats historiographiques est celui de la fixation des dates de début et de fin de la Révolution française. La plupart des étudiants de première année arrivent en prépa ou à Sciences Po avec l'idée que la Révolution a commencé aux alentours de juillet 1789 et qu'elle s'est achevée avec le coup d'État du 18 Brumaire, donc en 1799. Cette connaissance est remise en question en première année. En effet, l'étudiant devra être capable d'une part de repérer les différentes interprétations de la Révolution française qui existent chez les historiens français et étrangers – et les différences sont notables, certains d'entre eux faisant finir la Révolution en 1870, avec l'avènement de la IIIe République – et, d'autre part, de retracer l'argumentation des uns et des autres.

Ainsi, l'étudiant est amené à comprendre que les événements dont il doit apprendre les dates ainsi que l'étude de leurs causes et de leurs conséquences sont en fait le fruit de débats parfois longs entre historiens. La recension de ces débats s'appelle l'historiographie. Et elle représente, en quelque sorte, l'histoire de l'histoire.

Une structuration récente de la discipline et de vifs débats

Précisément, pour mieux comprendre ce que l'on attend de lui en prépa ou à Sciences Po, l'étudiant a tout intérêt à se pencher sur la genèse de l'histoire en tant que discipline académique et scientifique reconnue. Le propos s'en tient ici à la France, mais il va de soi que l'émergence de l'histoire dans le monde académique est un phénomène aperçu également dans d'autres pays, au premier rang desquels l'Allemagne.

La naissance de l'histoire académique au XIXe siècle : essor de l'école « méthodique » et domination de l'histoire politique

En France, le XIXe siècle est un moment déterminant pour la structuration de l'histoire en tant que discipline scientifique. Au début de ce siècle, les auteurs se réclamant de l'histoire, tels Jules Michelet (1798-1874) ou François Guizot (1787-1874) adoptent une démarche empreinte de philosophie. D'ailleurs, le titre d'une des œuvres majeures de Michelet est révélateur : *Introduction à l'histoire universelle*. Il s'agit pour Michelet de retracer l'histoire de l'humanité, de « ressusciter les morts », selon ses propres mots, dans une perspective résolument romantique. Ce type d'histoire, qui emprunte beaucoup au récit, est contrebalancé par les approches scientistes héritées de Karl Marx (1818-1883) et dont le but est, entre autres, d'expliquer l'histoire comme le résultat d'un rapport de domination, la lutte des classes. Mais dans les deux cas, l'histoire a une fin : l'avènement de la Liberté chez Michelet, l'avènement du communisme chez Marx. Chez l'un comme chez l'autre, le but du travail historique est d'apporter une explication globale de l'évolution des sociétés humaines à travers le temps.

Cette approche romantique, imbibée à la fois de philosophie et de scientisme, est battue en brèche par les fondateurs d'un courant historique novateur : l'école « méthodique ». Celle-ci se structure autour de chefs de file identifiés : Charles-Victor Langlois (1863-1929), Charles Seignobos (1854-1942) ou encore Gabriel Monod (1844-1912), ce dernier fondant d'ailleurs en 1876 la *Revue historique* afin de promouvoir et diffuser les idées de l'école « méthodique ». Cette école se caractérise par la volonté d'apporter aux historiens des méthodes de travail systématiques permettant d'alimenter une histoire qui se veut objective et détachée des contingences politiques. La somme de ces réflexions sur le métier d'historien est condensée par Langlois et Seignobos dans un livre de référence, l'*Introduction aux études historiques* (1897). Les auteurs insistent sur la nécessité de fonder le travail de l'historien sur l'étude de sources écrites et sur la critique de ces dernières afin de reconstituer des faits précis, datés et objectifs. Du fait des sources qu'elle a à sa disposition et qui émanent principalement de l'État et des administrations, l'histoire proposée par Langlois et Seignobos est surtout politique et fait la part belle aux événements et aux dirigeants politiques. Mais comme elle s'est dotée d'outils systématiques qui inspirent les autres disciplines, l'histoire domine le paysage intellectuel français à la fin du XIXe siècle.

L'école des Annales, un nouveau paradigme pour une histoire conquérante (années 1930-1960)

Cette prééminence reflue progressivement, sous le double effet de l'essor de la sociologie, porté par Émile Durkheim (1858-1917), et d'un ralentissement dans la création des postes en histoire dans l'université française. À la fin des années 1920, l'histoire française est donc en crise, et c'est pour lutter contre ce déclin que Marc Bloch (1886-1944) et Lucien Febvre (1878-1956) fondent, en 1929, une nouvelle revue, les *Annales d'histoire économique et sociale*. Bloch et Febvre ne remettent pas en cause la méthode historique de Langlois et Seignobos, mais ils reprochent à ces derniers de n'étudier qu'une partie infime des aspects de la vie humaine – le politique – et s'emploient donc à développer l'idée d'une histoire qui couvre un champ beaucoup plus large, comme en témoigne le choix du titre du périodique. L'histoire proposée par l'école des Annales ne ferme pas la porte aux autres sciences sociales et ses auteurs estiment qu'elle a vocation à en être la discipline phare. Comme histoire totale, l'histoire produite par les Annales est censée apporter une vision globale du passé, en liant tous les aspects de la vie humaine : l'économique, le social et le culturel – mais en laissant volontairement de côté le politique. Après la Seconde Guerre mondiale, au cours de laquelle Marc Bloch, résistant, fut assassiné, les Annales changent de nom pour devenir les *Annales, Économies, Sociétés, Civilisations* et affichent leur ambition de couvrir un champ géographique plus vaste que la seule France. Febvre perpétue ce travail, appuyé par des historiens de la deuxième génération comme Fernand Braudel (1902-1985) ou Ernest Labrousse (1895-1988). Braudel apporte également aux *Annales* l'idée de travailler sur le temps long, c'est-à-dire d'étudier des phénomènes dans la longue durée pour en déceler les permanences. On le voit, il s'agit bien de remettre en cause la notion d'événement qui avait été développée par les historiens de l'école « méthodique » et qui insistait bien plus sur les ruptures et les soubresauts du court terme.

De la « Nouvelle Histoire » à « l'histoire en miettes », l'histoire aujourd'hui (années 1970 à nos jours)

Ce primat des *Annales* sur l'école historique française se poursuit au-delà des années 1960, mais les historiens annalistes de la troisième génération, parmi lesquels Emmanuel Le Roy Ladurie (né en 1929), Pierre Nora (né en 1931) ou Jacques Le Goff (1924-2014), opèrent tout au long des années 1970 un revirement historiographique notable en développant l'idée d'une « Nouvelle Histoire ». Cette dernière renonce à apporter une vision globale du passé et travaille au contraire sur les aspects les plus concrets du quotidien de la vie de nos ancêtres. L'historien s'intéresse alors aux mentalités, aux relations au sein de tel ou tel village, en empruntant ses méthodes à l'anthropologie, discipline qui assoit ses positions au sein des sciences sociales françaises au cours des années 1960. Cependant, si la « Nouvelle Histoire » permet aux *Annales* de faire face à la concurrence de l'anthropologie, elle est l'occasion, d'après ses critiques, d'un éclatement de l'histoire tous azimuts, que François Dosse (né en 1950) a théorisé en 1987 à travers le concept « d'histoire en miettes ». La fin des années 1980 et le début des années 1990 apparaissent donc comme le moment d'une remise en question générale, autour de cette idée d'une école historique française qui n'est plus aussi forte qu'avant car sa production est plus hétérogène. Pour autant, ces remises en cause – opérées également par les Annales elles-mêmes qui amorcent, en 1988, un « tournant critique » – ont permis aux historiens d'explorer d'autres champs – et en premier lieu la culture – ou encore de reconstituer une histoire politique renouvelée et à nouveau légitimée, dans le sillage de René Rémond (1918-2007).

De nos jours, les historiens français continuent de travailler en ayant recours aux préconisations de l'école « méthodique » s'agissant de l'utilisation et de la critique des archives, mais ils ont, d'une part, enrichi leur corpus de sources, en y ajoutant par exemple les archives audiovisuelles, et ont, d'autre part, tenté de dégager des lignes de consensus autour de la notion d'histoire culturelle.

Où va l'histoire ? Quelques principes fondamentaux

Ce détour par l'histoire de l'histoire doit servir à l'étudiant qui *re*-découvre cette discipline en hypokhâgne ou à Sciences Po. En effet, chacune des périodes évoquées ci-dessus ajoute une strate supplémentaire à ce qui fonde encore aujourd'hui la démarche historique. L'on peut désormais dégager trois principes fondamentaux de la discipline : premièrement, l'histoire est une discipline qui doit administrer la preuve de ce qu'elle avance. Deuxièmement, l'historien a vocation à expliquer la vie humaine en se fondant sur la notion de temps. Troisièmement, l'histoire n'a de sens que si son propos s'insère dans des jeux d'échelles à la fois géographiques et chronologiques.

L'administration de la preuve

Une des règles d'or de la profession consiste en la capacité de l'historien à administrer la preuve de ce qu'il avance. C'est probablement une des principales difficultés auxquelles l'étudiant de première année est confronté : il lui faut apprendre à déconstruire les faits qu'on lui enseigne, pour mieux les démontrer. Car l'histoire, plus qu'autre chose, est une argumentation.

Aux origines de cette affirmation, on retrouve l'école « méthodique ». Langlois et Seignobos ont voulu donner aux historiens la capacité de tenir un discours qui ne puisse être suspecté d'être idéologique ou, pire, partisan. La méthode historique se fonde donc sur la collecte puis l'analyse de sources. Si les « méthodiques » ne considèrent que les sources écrites (lois, chartes, journaux...), l'héritage des Annales permet à l'historien de considérer toute trace authentique du passé – qu'elle soit archéologique ou, pour les temps plus récents, audiovisuelle – comme une source. Une fois qu'il a constitué un corpus de sources sur le point qu'il cherche à étudier, l'historien doit s'assurer de l'authenticité desdites sources : ne s'agit-il pas de faux ? Cette première étape, Langlois et Seignobos l'ont appelée la « critique externe ». Il faut apporter la preuve que le document étudié est authentique, et l'on se fonde pour cela sur les éléments externes à la source comme le type de papier, l'écriture... Ainsi, un texte supposé dater de Ramsès II mais produit sur du papier blanc et au moyen d'une imprimerie est nécessairement un faux ou tout du moins une reproduction qui n'est pas contemporaine du pharaon ! Une fois cette démarche accomplie, l'historien procède ensuite à la « critique interne » du document. En recoupant les sources entre elles, l'historien doit alors déterminer si l'auteur du document étudié dit la vérité et, s'il ne la dit pas, tenter de trouver les causes de ce mensonge ou de cette omission. Enfin, après avoir réalisé les critiques externe et interne de l'ensemble des sources de son corpus, l'historien est habilité à produire un savoir documenté et précis qui retrace et interprète le passé.

L'administration de la preuve constitue donc le cœur de métier de l'historien. Mais quelles sont les implications concrètes de cette exigence de la profession historienne pour l'étudiant de première année, que ce soit à Sciences Po ou en classes préparatoires, qui n'entend pas nécessairement devenir historien ? Principalement, la nécessité de ne produire que des travaux argumentés. Ainsi, que ce soit en dissertation ou en commentaire de document, l'étudiant doit veiller à toujours apporter la preuve de ce qu'il avance par le biais d'exemples précis, voire en se référant aux débats historiographiques qu'a pu susciter telle ou telle question. Par exemple, une affirmation comme « le roi règne mais ne gouverne pas en France au XIXe siècle » est, certes, recevable, mais elle doit être appuyée par des faits précis comme le fait que Charles X a été renversé par une révolution lorsqu'il a tenté de dépasser les prérogatives que lui accordait la Charte de 1814 ou encore comme la relative limitation constitutionnelle des pouvoirs de Louis-Philippe Ier dans la Charte de 1830.

Le temps

Outre l'impérative administration de la preuve, l'étudiant devra s'atteler à la question du temps en histoire. En effet, le rapport des sociétés et des individus au temps est ce qui fait la spécificité de la discipline historique parmi les autres sciences humaines et sociales. L'approche historique est diachronique, c'est-à-dire qu'elle s'intéresse à l'évolution d'un phénomène dans le temps. Ainsi, l'historien manipule les notions de rupture, de crise, de mutation, mais également celles de permanence, de continuité et d'immobilisme. Un propos ne peut être historique que s'il cherche à articuler les événements entre eux, dans une chronologie plus ou moins longue, du plus court terme – le jour, voire l'heure ou la minute – au plus long terme – le siècle, le millénaire.

Mais attention ! L'historien et *a fortiori* l'étudiant faisant de l'histoire se garderont bien de tomber dans deux écueils impardonnables pour la profession : le déterminisme et la téléologie. Ces deux travers sont cousins. Le déterminisme consiste à partir d'un point – par exemple, la prise de la Bastille – et d'en faire le nœud d'explication de tout ce qui suit, y compris les événements les plus lointains – toujours dans notre exemple : l'avènement de la République. Le déterminisme consisterait à écrire : comme les révolutionnaires ont pris la Bastille, alors la République va être proclamée. C'est évidemment faux, et l'étudiant scrupuleux n'oubliera pas que le but premier de la Révolution n'était pas l'avènement de la République, mais un début de démocratie qui aurait pu s'accommoder du roi si celui-ci avait bien voulu se conformer à ce nouveau mode d'exercice du pouvoir.

La téléologie quant à elle consiste à expliquer un événement par des faits qui lui sont postérieurs. Pour reprendre l'exemple de la prise de la Bastille, il serait téléologique d'écrire : les Parisiens prennent la Bastille le 14 juillet 1789 car la Ire République va être proclamée en septembre 1792. La lecture de la phrase qui précède révèle en elle-même l'incohérence d'un propos téléologique.

À ces deux écueils liés à la nature diachronique de l'histoire, on peut ajouter l'anachronisme, tout aussi réprouvé, qui consiste à évoquer un concept, un objet ou une personne qui n'existaient pas à l'époque des faits que l'on décrit. De telle sorte, la phrase « En 1789, Louis XVI téléphone à Adolphe Thiers pour obtenir ses conseils sur la manière de mater une révolte » contient au moins deux anachronismes.

Enfin, puisque l'historien étudie le rapport au temps, et tout particulièrement au temps révolu, il convient de ne pas écrire l'histoire au futur, ni au futur déguisé que constitue le futur proche (« il va régner », « ils vont se révolter »…). Il est préférable d'écrire au passé ou, encore mieux, car c'est une convention d'écriture, au présent. L'écriture au présent de l'indicatif rend le récit plus vivant et permet de contourner certaines difficultés de conjugaison et de concordance des temps que suscite souvent le recours au passé simple.

Les jeux d'échelles

En outre, cette approche diachronique a tout intérêt à s'insérer dans des jeux d'échelles. C'est l'un des derniers principes fondamentaux de la discipline historique. L'historien Jean-François Sirinelli (né en 1949) définit deux types principaux de jeux d'échelles : les jeux d'échelles temporels (ou chronologiques) et les jeux d'échelles spatiaux (ou géographiques).

S'insérer dans des jeux d'échelles temporels, cela signifie mettre en perspective un événement, c'est-à-dire un fait qui se produit à un instant précis, à court terme, dans la moyenne et la longue durées. Par exemple, on peut expliquer la décapitation de Louis XVI, le 21 janvier 1793, en l'insérant dans des jeux d'échelles chronologiques. À court terme, cette exécution capitale du 21 janvier s'explique par le vote de la peine de mort contre Louis XVI par la Convention nationale, le 15 janvier 1793, au terme du procès du roi. Mais à moyen terme, on peut déceler dans la fuite de Varennes de juin 1791 un des moments qui ont contribué à rompre la confiance entre le roi et le peuple français. Cette fuite, ajoutée à d'autres scandales, a peu à peu entamé le crédit de Louis XVI que la Révolution avait pourtant jusque-là préservé, et contribué à faire émerger l'idée que pour accomplir les objectifs de la Révolution, il fallait en finir avec la monarchie. À plus long terme encore, cette fin tragique de Louis XVI peut être interprétée comme une des conséquences de l'abaissement continu de l'autorité royale tout au long du XVIIIe siècle. Sans ce recul de la croyance en l'autorité divine du roi, il n'eût probablement pas été possible que l'on décidât un jour d'exécuter le monarque. On le voit, cette exécution du 21 janvier 1793 a donc des causes profondes, que l'historien s'est attaché à élucider à partir d'une approche diachronique et en s'insérant dans des jeux d'échelles chronologiques.

Parallèlement aux jeux d'échelles temporels, l'historien recourt également aux jeux d'échelles spatiaux. Cela signifie qu'il doit décentrer son regard de la seule France, pour comparer la situation qu'il analyse au même moment dans d'autres pays. En outre, l'historien s'efforce d'étudier les faits historiques à différentes échelles géographiques. Ainsi, l'analyse des résultats d'une élection donnée peut se faire à l'échelon national, mais l'historien serait incomplet s'il ne cherchait pas à montrer si ce résultat est totalement homogène, ou bien s'il est différent d'une région, voire d'une commune à l'autre. Enfin, plus il avance dans les siècles, plus l'historien doit se poser la question de l'échelle régionale (l'Europe, l'Asie), voire mondiale, pour analyser de nouveaux phénomènes, comme par exemple les débuts de la globalisation économique et culturelle à la fin des années 1980.

PREMIÈRE PARTIE

S'adapter à de nouvelles exigences

CHAPITRE 1.
Quelles attentes ?

I. En classes préparatoires

Petit lexique des classes préparatoires littéraires

- **Hypokâgne** (ou « hypo ») : première année de classes préparatoires littéraires.
- **Khâgne** : deuxième année de classes préparatoires littéraires.

  Il s'agit à l'origine d'un surnom donné à la fin du XIXe siècle par des étudiants de l'école militaire de Saint-Cyr aux étudiants littéraires pour se moquer de leur manque d'activités sportives. En effet, un « cagneux » (surnom originellement donné) est une personne avec les genoux tournés vers l'intérieur. Mais au début du XXe siècle, les étudiants littéraires s'approprient l'appellation en transformant son orthographe. Exit la charge négative, place à un terme aux racines pseudo-grecques : des cagneux on est passé aux khâgneux ! Par analogie, l'hypokhâgne signifie en dessous (hypo) de la khâgne, soit la première année.
- **Un carré** : un étudiant qui fait sa première khâgne.
- **Un cube** (ou khûbe) : un étudiant qui fait une deuxième année de khâgne (et donc repasse les concours). En prépa littéraire on ne parle peu ou pas de redoublement car les programmes changent d'une année sur l'autre. Un cube peut obtenir à la fin de sa troisième année de CPGE une L3 (troisième année de licence) et passer donc directement en M1 (première année de master) à l'université s'il n'intègre pas.
- **Un bicarré** (ou bica) : un étudiant qui fait une khâgne pour la troisième fois. C'est de plus en plus rare.

- **Colles** (ou khôlles) : interrogation orale. Chaque étudiant passe une colle par matière et par semestre (voire plus en hypokhâgne). L'objectif des colles est d'affiner la méthodologie de la dissertation en hypokhâgne et de préparer les épreuves orales d'admission en khâgne.
- **Concours blancs** : les concours blancs sanctionnent la fin de chaque semestre. L'idée est de préparer les étudiants d'hypokhâgne et de khâgne aux conditions du concours de l'ENS (qui, lui, se déroule au printemps de l'année de khâgne).
- **Sous-admissible/Admissible/Admis** : suite aux épreuves écrites du concours (épreuves dites d'admissibilité), les résultats sont publiés vous permettant de savoir si vous pouvez passer les épreuves orales (épreuves dites d'admission), si c'est le cas vous êtes déclarés « admissibles », si vous ratez l'admissibilité de peu vous êtes « sous-admissible » (« sous-a ») ce qui vous permet d'avoir une équivalence totale pour le système universitaire (*cf.* « Classes préparatoires et système universitaire »).

  Si vous réussissez les épreuves orales, vous êtes alors « admis ».
- **Intégrer** : entrer dans une grande école.
- **Cacique** : candidat classé premier aux résultats d'admission d'un concours.
- **ENS** : École Normale Supérieure (*cf. infra*).

Que sont les classes préparatoires ?

Les classes préparatoires aux grandes écoles (CPGE) sont une filière post-bac, de l'enseignement supérieur, qui dure une, deux, trois ou beaucoup plus rarement quatre ans. Ce sont des filières sélectives puisque l'admission en CPGE se fait sur dossier. Il y a trois grands types de CPGE : scientifiques, littéraires et économiques et commerciales. Dans cet ouvrage nous centrerons notre propos sur les CPGE littéraires.

Il existe deux grands types de CPGE littéraires :

- CPGE A/L (Lettres et Arts, Langues vivantes ou Sciences humaines).
- CPGE B/L (Lettres et Sciences sociales) qui comprend, en plus et à la différence des CPGE A/L, des Mathématiques et des Sciences sociales.

C'est dès les demandes de classes préparatoires faites en lycée que vous choisissez si vous souhaitez aller en première année (hypokhâgne) A/L ou B/L.

Les CPGE sont des formations qui ont un caractère généraliste car elles permettent de garder une pluralité de disciplines, ce qui est un atout non négligeable pour ceux qui hésitent encore sur l'orientation précise à prendre après le baccalauréat.

Les années de classes préparatoires sont des années qui permettent de consolider sa culture générale et d'approfondir son projet professionnel tout en acquérant des méthodes de travail rigoureuses. Autant de compétences très recherchées dans le monde du travail, quel que soit le domaine que vous choisirez plus tard.

Les CPGE sont connues pour leur exigence puisqu'on vous y demande de vous investir dans le travail avec sérieux et régularité. Vous serez surpris de voir les progrès considérables que vous aurez faits après seulement quelques mois en classes préparatoires. L'exigence des classes préparatoires va de pair avec un véritable encadrement qui fait la force des CPGE. C'est cet encadrement et le caractère généraliste qui font la spécificité des CPGE dans le supérieur français en particulier en comparaison avec le système universitaire. L'encadrement des CPGE est familier aux étudiants puisqu'il est comparable à celui en lycée.

J'ai peur d'aller en prépa parce qu'il y trop de pression...

Si l'exigence est de mise dans toutes les classes préparatoires, il y a **différents types de CPGE** : de la classe préparatoire qui vise surtout à accompagner et à donner un cadre à ses étudiants dans leurs premiers pas dans le supérieur, aux classes préparatoires pour lesquelles l'intégration aux Écoles Normales Supérieures et autres grandes écoles est une réalité pour bon nombre de leurs étudiants. **À vous de choisir quelle prépa est faite pour vous !**

Même dans les prépas qui intègrent le plus, et pour lesquelles la « culture concours » est plus importante, vous pouvez tout à fait **vous épanouir** à condition de savoir parfois **prendre du recul**. N'oubliez pas que les **professeurs** connaissent cet écueil souvent reproché un peu facilement aux CPGE, et savent être à l'écoute. Il ne faut donc pas hésiter à aller les voir pour en parler, surtout lors des premiers mois de transition entre le lycée et le rythme des classes prépas.

N'oubliez pas que **l'union fait la force**, et si ce mode de travail vous convient, constituez des **groupes de travail** en vous répartissant les fiches thématiques à faire, en partageant les bonnes ressources et en allant réviser, travailler ensemble. C'est souvent comme cela que de belles amitiés commencent !

Il est courant d'entendre dire qu'en prépa et *a fortiori* dans les prépas les plus « compétitives », l'ambiance entre les étudiants serait détestable faite de mesquineries en tout genre. Il n'en est rien ! Dans beaucoup de prépas, vous avez désormais une **journée**

d'intégration qui permet à la classe de mieux se connaître. Si vos professeurs ne l'ont pas encore organisée, soyez force de proposition, ils en seront ravis. Les possibilités sont multiples : visite culturelle, goûter/dîner géographique, route des vins...

Et n'oubliez pas de **prendre aussi du temps pour vous** : se promener, faire du sport, sortir. La prépa c'est bien sûr être exigeant envers soi-même mais pas au prix de sa vie sociale, même dans les classes préparatoires les plus « compétitives » ! Tout est une question d'équilibre.

À quoi préparent les classes préparatoires ?

L'objectif des CPGE littéraires est d'abord de préparer aux concours pour intégrer les Écoles Normales Supérieures (ENS) que ce soit l'ENS Ulm (« classique », Paris) ou l'ENS LSH (« moderne », Lyon). Mais désormais les CPGE littéraires préparent à bien d'autres écoles et cursus. En effet, depuis quelques années a été introduite une « Banque d'épreuves littéraires » (la BEL) qui permet aux candidats de se présenter :

- Aux deux ENS – Ulm et Lyon – (et à l'ENS Cachan pour les anglicistes).
- Et ouvre des débouchés pour d'autres écoles (écoles de commerce, Instituts d'études politiques...).

Ces nouveaux débouchés sont accessibles simplement à partir des épreuves d'admissibilité des ENS. Concrètement, en fonction des résultats obtenus aux épreuves d'admissibilité, les candidats peuvent se présenter aux épreuves d'admission d'une autre ENS que celle pour laquelle ils se sont préparés et pour d'autres formations que les ENS. Dans ce dernier cas, s'ils réussissent, ils intègrent soit en niveau L3, soit en niveau M1. Il reste toutefois une exception pour les écoles de la Banque commune d'épreuves (BCE), comme par exemple l'Essec, pour lesquelles il faut passer des épreuves écrites spécifiques supplémentaires.

La liste de ces écoles et formations qui font partie de la BEL est actualisée pour chaque session au *Bulletin officiel*.

À titre d'exemple voici la liste pour la session de 2015 :

- Celsa (université Paris-Sorbonne).
- Concours BCE (vingt écoles de management et cinq écoles rattachées ; dont HEC Paris, Essec, EMLYON, ESCP Europe, Edhec...).
- Concours Ecricome prépa littéraire (trois écoles de management).
- École nationale des Chartes.

- École supérieure d'interprètes et de traducteurs (ESIT, université Sorbonne-Nouvelle Paris 3).
- Instituts d'études politiques (IEP) d'Aix-en-Provence, de Lille et de Lyon.
- ISIT (Institut de management et de communication interculturels).
- Institut supérieur du management public et politique (ISMaPP).
- Université Paris-Dauphine.
- École spéciale militaire de Saint-Cyr.

Classes préparatoires et système universitaire

Le fait de suivre une scolarité en classes préparatoires (à condition bien sûr de s'être impliqué et d'avoir travaillé) permet d'avoir des équivalences avec le système universitaire français et européen puisque deux années de classes préparatoires équivalent à 120 ECTS (*European Credit Transfer System*), c'est-à-dire que dans ce cas précis vous pourriez rentrer directement en niveau L3, ce qui est très intéressant car vous ne « perdez » pas d'années.

Dans le cas où vous cuberiez (ou khûberiez), c'est-à-dire si vous recommencez votre année de khâgne (*i.e.* deuxième année de CPGE littéraire), il vous faudra vous inscrire à l'université en parallèle de cette deuxième année de khâgne pour pouvoir obtenir à la fin 180 ECTS (et selon les universités passer un examen) et donc pouvoir intégrer un master 1 directement après la classe prépa.

Les épreuves d'histoire et de géographie dans les différents concours organisés par les ENS et l'école nationale des Chartes

	Histoire		Géographie	
	Épreuves d'admissibilité (écrites)	Épreuves d'admission (orales)	Épreuves d'admissibilité (écrites)	Épreuves d'admission (orales)
ENS Ulm A/L	**Dissertation sur programme d'histoire contemporaine** ▶ 6 h Programme commun avec l'ENS Lyon A/L et l'ENS Cachan A/L	**Leçon* sur programme d'histoire contemporaine** (le même qu'à l'écrit + autre question) ▶ 1 h de préparation + 30 minutes de passage *Spécialité (pour les lettres classiques) : **leçon* d'histoire ancienne** sur question aux programmes (histoire grecque / histoire romaine) avec traduction et commentaire d'un texte grec ou latin* *▶ 1 h de préparation* *+ 30 minutes de passage* *Spécialité (pour les historiens-géographes) : **commentaire de documents historiques** sur programme (histoire ancienne, médiévale ou moderne)* *▶ 1 h de préparation* *+ 30 minutes de passage*	*Spécialité : **dissertation sur programme*** *▶ 6 h* *Programme commun avec l'ENS Ulm B/L, l'ENS Lyon SES et Chartes*	*Spécialité : **commentaire de documents géographiques** (carte + documents d'accompagnement, sur la France)* *▶ 1 h de préparation* *+ 30 minutes de passage*
ENS Ulm B/L	**Dissertation sur programme d'histoire contemporaine** ▶ 6 h Programme commun avec l'ENS Lyon (SES) et Cachan (Sciences sociales)	**Leçon* sur programme d'histoire contemporaine** (le même qu'à l'écrit) ▶ 1 h de préparation + 30 minutes de passage	*Spécialité : **dissertation sur programme*** *▶ 6 h* *Programme commun avec l'ENS Lyon (SES), l'ENS Ulm A/L, et l'école des Chartes (section B)*	*Spécialité : **commentaire de documents géographiques** (carte + documents d'accompagnement, sur la France)* *▶ 1 h de préparation* *+ 30 minutes de passage*

		Histoire		Géographie	
		Épreuves d'admissibilité (écrites)	Épreuves d'admission (orales)	Épreuves d'admissibilité (écrites)	Épreuves d'admission (orales)
ENS LSH Lyon A/L		**Dissertation sur programme d'histoire contemporaine** ▶ 6 h Programme commun avec l'ENS Ulm A/L et l'ENS Cachan A/L Le programme change chaque année : – une année : question sur la France – l'année suivante : sur le monde sur une période comprise entre la fin du XVIIIe et la fin du XXe. *Spécialité :* ***explication de texte ou de documents historiques*** ▶ *3 h* *Sur une des deux questions au programme (soit histoire ancienne, soit médiévale, soit moderne).*	*Spécialité :* ***leçon* sur une des trois questions au programme*** *(tronc commun + spécialité)* ▶ *1 h de préparation* *+ 30 minutes de passage*	– **Dissertation sur programme** ▶ 5 h Le programme change chaque année : – une année : thématique – l'année suivante : régionale *Spécialité :* ***commentaire de carte géographique*** ▶ *3 h* *Sur la France. Il peut y avoir des documents d'accompagnement.*	*Spécialité :* ***commentaire de documents géographiques*** *(carte + documents d'accompagnement, sur la France)* ▶ *1 h de préparation* *+ 30 minutes de passage*
ENS LSH Lyon Série Sciences économiques et sociales (B/L)		**Dissertation sur programme d'histoire contemporaine** ▶ 6 h Programme commun avec l'ENS Ulm B/L et avec l'ENS Cachan Sciences sociales	*Spécialité :* ***leçon* sur programme d'histoire contemporaine*** *(le même qu'à l'écrit)* ▶ *1 h de préparation* *+ 30 minutes de passage*	*Spécialité :* ***dissertation sur programme*** ▶ *6 h* *Programme commun avec l'ENS Ulm A/L et B/L, et l'école des Chartes (section B)*	*Spécialité :* ***commentaire de documents géographiques*** *(carte + documents d'accompagnement, sur la France)* ▶ *1 h de préparation* *+ 30 minutes de passage*

		Histoire		Géographie	
		Épreuves d'admissibilité (écrites)	Épreuves d'admission (orales)	Épreuves d'admissibilité (écrites)	Épreuves d'admission (orales)
ENS Cachan	A/L (anglicistes)	**Dissertation sur programme d'histoire contemporaine** ▶ 6 h Programme commun avec l'ENS Ulm A/L et l'ENS Lyon A/L	Ø	Ø	Ø
	Sciences sociales (B/L)	**Dissertation sur programme d'histoire contemporaine** ▶ 6 h Programme commun avec l'ENS Ulm B/L et l'ENS Lyon SES	Ø	Ø	Ø
École nationale des Chartes	Section A	**Dissertation ou commentaire de document(s) historique(s) sur programme d'histoire médiévale** ▶ 6 h **Dissertation ou commentaire de document(s) historique(s) sur programme d'histoire moderne** ▶ 6 h	**Leçon* sur programme d'histoire médiévale** ▶ 1 h de préparation + 30 minutes de passage Programme différent de celui de l'écrit **Leçon* sur programme d'histoire moderne** ▶ 1 h de préparation + 30 minutes de passage Programme différent de celui de l'écrit **Leçon* sur programme d'histoire contemporaine** ▶ 1 h de préparation + 30 minutes de passage	Ø	Ø

		Histoire		Géographie	
		Épreuves d'admissibilité (écrites)	Épreuves d'admission (orales)	Épreuves d'admissibilité (écrites)	Épreuves d'admission (orales)
École nationale des Chartes	Section B	**Dissertation ou commentaire de document(s) historique(s) sur programme d'histoire moderne** ▶ 6 h **Dissertation ou commentaire de document(s) historique(s) sur programme d'histoire contemporaine** ▶ 6 h Programme commun à l'ENS Ulm A/L et à l'ENS Lyon A/L	**Leçon* sur programme d'histoire médiévale** ▶ 1 h de préparation + 30 minutes de passage **Leçon* sur programme d'histoire moderne** (le même qu'à l'écrit) ▶ 1 h de préparation + 30 minutes de passage Programme différent de celui de l'écrit **Leçon* sur programme d'histoire contemporaine** (le même qu'à l'écrit + autre question ; comme pour l'oral d'ENS Ulm A/L) ▶ 1 h de préparation + 30 minutes de passage	*Spécialité : **dissertation sur programme*** ▶ *4 h* *Programme commun avec l'ENS Lyon SES et l'ENS Ulm A/L et B/L*	*Spécialité : **leçon* sur programme** (le même qu'à l'écrit)* ▶ *1 h de préparation* *+ 30 minutes de passage*

* Leçon : exposé problématisé sur un sujet de type dissertation.

II. À Sciences Po et dans les Instituts d'études politiques

Sciences Po et les Instituts d'études politiques, une formation pluridisciplinaire en sciences humaines et sociales

Héritière de l'École libre des Sciences politiques fondée en 1871 par Émile Boutmy, la Fondation nationale des Sciences politiques (FNSP) a longtemps chapeauté un réseau d'Instituts d'études politiques (IEP) à Paris et dans les régions. Si l'appellation « Sciences Po » fait désormais clairement référence à l'IEP de Paris et à la FNSP, il existe encore neuf autres IEP, généralement rattachés à des universités : Sciences Po Strasbourg, Sciences Po Bordeaux, Sciences Po Grenoble, Sciences Po Lyon, Sciences Po Toulouse, Sciences Po Aix, Sciences Po Lille, Sciences Po Rennes et, depuis 2014, Sciences Po Saint-Germain-en-Laye. À Paris, Sciences Po délivre ses enseignements autour de sa maison-mère du 27 rue saint Guillaume mais également dans des campus dits délocalisés – à ne pas confondre avec les IEP dans les régions ! – qui se spécialisent sur des aires géographiques données : campus franco-allemand de Nancy, campus euro-latino-américain de Poitiers, campus européen de Dijon (spécialisé notamment sur l'Europe centrale et orientale), campus Moyen-Orient Méditerranée de Menton, campus Europe-Asie du Havre et campus euro-américain de Reims qui comprend également, à partir de la rentrée 2015, un programme Europe-Afrique. Sciences Po et les IEP délivrent une formation en cinq ans, répartie sur deux cycles. Le nom du premier cycle varie selon les établissements – à Sciences Po, par exemple, on parle de « Collège universitaire » – mais il dure généralement trois ans et comprend une année à l'étranger, la plupart du temps la troisième, plus rarement la deuxième. Le deuxième cycle est celui du master et correspond à deux années de spécialisation qui aboutissent à un diplôme de fin d'études.

Puisqu'il s'agit ici de réussir au mieux le passage du lycée à Sciences Po, c'est donc le premier cycle qui nous intéresse. La grille des enseignements y est, par tradition autant que par intérêt pédagogique, pluridisciplinaire. Au cours de leur scolarité en premier cycle à Sciences Po ou dans les IEP, les étudiants sont formés à la plupart des sciences humaines et sociales : histoire, droit, économie, science politique… Les enseignements sont, le plus souvent, dispensés au gré d'une association entre un cours magistral et une conférence de méthode. Le cours magistral est délivré par un professeur à l'ensemble des étudiants dans un amphithéâtre. Les étudiants interviennent peu ou pas du tout mais prennent en notes le cours dispensé par l'enseignant. Les conférences de méthode réunissent quant à elles les étudiants en petits groupes, de quinze à vingt personnes en général. Leur objectif est d'approfondir les éléments étudiés en cours magistral et de préparer les étudiants aux examens de fin de semestre. Fondées sur une double-interaction – entre les étudiants et l'enseignant et entre les étudiants eux-mêmes – les conférences de méthode nécessitent une forte participation des étudiants et donc une préparation sérieuse et conséquente en amont (lectures, assimilation du cours...). Les modalités d'évaluation incluent à la fois les notes obtenues en contrôle continu et celles obtenues lors des examens de fin de semestre. À titre d'exemple, à Paris, Sciences Po compte le contrôle continu – c'est-à-dire les notes obtenues en conférence de méthode – pour deux tiers de la note finale et l'examen de fin de semestre pour un tiers. Pour valider un enseignement, il faut obtenir une note finale d'au moins de 10/20. Parallèlement à cette association entre cours magistraux et conférences de méthode, il existe quelques cours-séminaires évalués essentiellement en contrôle continu : à mi-chemin entre le cours magistral et la conférence de méthode, le cours-séminaire comprend une part de récit et une part d'interaction entre le professeur et les étudiants. Mais quel qu'en soit le format, les enseignements délivrés à Sciences Po et dans les IEP visent tous à doter les étudiants d'une solide formation en sciences humaines et sociales et à leur faire acquérir une large ouverture d'esprit et une capacité à décider dans leur vie professionnelle future. Quelle place l'histoire et la géographie occupent-elles alors dans le cursus du premier cycle de Sciences Po et des IEP ?

L'histoire à Sciences Po et dans les IEP, un des enseignements fondamentaux

L'histoire occupe une place importante dans le cursus de Sciences Po et des IEP[1]. À Paris, en première année, elle prend place au sein des enseignements fondamentaux, aux côtés, par exemple, de l'économie, de la science politique ou de la sociologie. Les enseignements fondamentaux sont ceux qui valent le plus d'ECTS. En outre, ils font partie des cours obligatoires. Il convient donc d'y prêter un soin tout particulier. Cette situation est la même dans les campus délocalisés

1. Les lecteurs doivent être avertis que les exemples de cours évoqués dans ce manuel valent pour la rentrée de septembre 2015. La structure générale des enseignements – comme par exemple la place de l'histoire comme enseignement fondamental – change rarement à Sciences Po et dans les IEP. En revanche, d'une année à l'autre, les intitulés des cours peuvent varier, parfois significativement.

de Sciences Po et également dans les IEP. Toutefois, tous les établissements ne sont pas dotés de la même maquette pédagogique et, dans certains IEP, l'histoire n'apparaît pas dans les fondamentaux du deuxième semestre de première année mais fait son retour en deuxième année. À l'inverse, certains IEP font le choix de doter les étudiants d'une solide culture historique en première année avant de laisser la place à d'autres disciplines en deuxième année. Enfin, un dernier cas de figure consiste à former les étudiants à l'histoire de France en première année et à celle de l'Europe ou du monde en deuxième année.

Pour autant, ce n'est pas parce que l'histoire disparaît de la grille des enseignements fondamentaux que les étudiants n'y sont plus confrontés. En effet, l'histoire est également présente dans les cours dits électifs, d'ouverture ou à option, selon les établissements. Ainsi, que ce soit à Sciences Po ou dans les IEP, il est demandé aux étudiants de choisir certains des enseignements qu'ils vont suivre en première et deuxième années. Ces cours sont généralement dispensés à des plus petits groupes et abordent des thématiques plus spécialisées que les cours d'histoire des unités fondamentales qui s'attachent principalement à un vaste champ d'étude, soit au plan de la chronologie – l'étude de tout le XIXe siècle ou de tout le XXe siècle, par exemple – soit au plan de l'horizon géographique – l'Europe et les États-Unis, les sociétés impériales... Là, il s'agit plutôt d'enseignements plus pointus, pouvant aller de la question de la vie politique en France sous la Ve République à l'histoire de la société indienne au XIXe siècle en passant par l'histoire des émeutes urbaines au XXe siècle aux États-Unis.

Enfin, les étudiants devront parfois utiliser la méthode historique lors de cours à vocation pluridisciplinaire. Dans la mesure où Sciences Po et les IEP visent à faire acquérir aux étudiants une vision globale du monde, il est très fréquent que des cours portent sur une thématique ciblée – prenons pour exemple la protection de l'environnement – et mobilisent tout ou partie du vaste ensemble des sciences humaines et sociales pour en réaliser l'étude – dans notre exemple sur la protection de l'environnement, les angles sont nombreux : histoire des mobilisations, droit international, science politique, sociologie de l'action...

L'histoire contemporaine majoritaire dans le cursus

Dans les maquettes pédagogiques de Sciences Po et des IEP, l'histoire contemporaine, c'est-à-dire celle qui relate des faits postérieurs à 1789, est très largement majoritaire. Ainsi, les étudiants reçoivent traditionnellement, au cours du premier cycle, au moins un enseignement d'histoire du XIXe siècle, la plupart du temps en Europe et aux États-Unis mais aussi, de plus en plus, dans les empires coloniaux et un enseignement d'histoire du XXe siècle. Certains établissements font ensuite le choix de renforcer les connaissances historiques de leurs étudiants en ajoutant un cours d'histoire des relations internationales – le plus souvent depuis 1945 – et des cours d'histoire de la France contemporaine. Principale exception à cette règle de la contemporanéité, les cours d'histoire des idées politiques qui remontent à l'Antiquité et où les étudiants se piquent à la pensée d'Aristote !

La géographie à Sciences Po et dans les IEP, un élément des cours pluridisciplinaires

Cette veine pluridisciplinaire est plus particulièrement saillante dans le cas de la géographie. À Sciences Po et dans les IEP, les cours de géographie exclusifs de toute autre discipline sont très rares en premier cycle. Il y a quelques années, les étudiants de première année à Sciences Po recevaient un enseignement intitulé « Enjeux politiques de la géographie » qui faisait la part belle aux questions d'aménagement du territoire et à la géopolitique. Un tel enseignement n'existe plus à Paris. En revanche, certains des campus délocalisés de Sciences Po Paris proposent des cours de géographie régionale centrés sur l'aire de spécialisation des campus comme l'Asie pour les étudiants du Havre. S'agissant d'une approche plus générale de la géographie, sur l'ensemble des IEP, ceux de Lyon, Toulouse, Bordeaux, Saint-Germain-en-Laye et Lille sont les seuls à proposer un cours obligatoire en premier cycle : un cours de géographie générale en première année à Toulouse et à Bordeaux et en deuxième année à Lyon et des cours plus thématiques et en anglais à Saint-Germain-en-Laye, centré sur la question de la représentation du monde, et à Lille autour de l'étude des frontières et des identités en Europe, en première année dans les deux cas. Dans tous les cas, la part belle est faite aux enjeux géopolitiques.

Outre ces enseignements obligatoires plutôt rares sur l'ensemble de l'offre de Sciences Po et des IEP, les étudiants peuvent retrouver la géographie dans les enseignements pluridisciplinaires comme celui d'Espace mondial, en deuxième année à Sciences Po, et qui vise à étudier le processus de mondialisation dans toutes ses dimensions : économie, politique, géographie... Parallèlement, il existe plusieurs cours électifs, d'ouverture ou à option s'attachant à traiter une question spécifique de la géographie, selon les modalités déjà décrites pour ce type de cours en histoire : géographie de l'Amérique latine (Sciences Po Lyon), géographie du sous-continent indien ou de la Méditerranée (Sciences Po Aix) ou encore un cours de « géographie politique » fondé sur l'étude des interactions entre le politique et les territoires (Sciences Po Strasbourg).

Comment les cours d'histoire et de géographie sont-ils évalués ?

La plupart des enseignements à Sciences Po et dans les IEP font l'objet d'exposés préparés par les étudiants et évalués lors des conférences de méthode. En outre, lors des examens de fin de semestre, les étudiants sont le plus souvent évalués à l'écrit, par une dissertation ou un commentaire de document. Si l'évaluation est orale, elle prend, à nouveau, la forme d'un exposé, la seule différence étant qu'il est préparé en temps limité et sans recours à des livres ou des fiches. Enfin, il peut être demandé aux étudiants, plutôt à partir de la deuxième année, de rédiger chez eux un *paper*, sorte de composition étoffée ou d'étude de cas sur un sujet précis issu du cours. La méthode de la dissertation doit alors être suivie en termes d'organisation du devoir mais il faut y ajouter un soin particulier dans la présentation des sources et de la bibliographie, le *paper* étant une sorte d'initiation à la recherche en sciences sociales.

CHAPITRE 2.

Quels outils ?

I. Du cours à la fiche

Comment prendre en notes son cours ?

La prise de notes du cours systématique et individuelle est essentielle, vous ne pouvez absolument pas vous en dispenser. En effet, le fait de prendre en notes son cours permet de mieux fixer les connaissances car il vous oblige à traduire dans votre propre schéma de pensée ce que vous venez d'entendre. Par ailleurs, si vous vous reposez sur la prise de notes faite par un ami, vous vous rendrez vite compte qu'il s'agit d'un exercice très personnel aussi pour le choix des abréviations et autres systèmes de flèches.

Une prise de notes n'a pas pour objectif la retranscription intégrale de ce qui a été dit en cours, mais de mettre par écrit les éléments fondamentaux tels que le plan du cours, les notions et leur définition, les principales idées, les auteurs convoqués, les chiffres, les exemples...

Deux techniques s'offrent à vous pour prendre en notes le cours : à la main, ou sur ordinateur (si cela vous est permis). Les deux ont leurs avantages et leurs inconvénients :

– À la main
  - avantages : c'est la technique de prise de notes qui permet le mieux de fixer les connaissances ;
  - inconvénients : la moins facile à partager (écritures et abréviations pas toujours compréhensibles par les autres).
– Sur ordinateur
  - avantages : c'est la technique la plus facile à partager, et qui permet de perdre moins de temps si l'on réalise le répertoire de notions et l'exemplier par ordinateur ;
  - inconvénients : on est davantage dans la retranscription intégrale et par conséquent on fixe moins bien les connaissances qu'avec une prise de notes manuscrite. Par ailleurs, la présence de l'ordinateur introduit une distance physique supplémentaire (les écrans) entre les étudiants et le professeur. Enfin, on est tenté de faire autre chose (regarder ses mails, etc.) et on se déconcentre donc plus facilement.

Si vous choisissez cette dernière option, n'attendez pas la veille de l'examen pour imprimer vos cours ! En outre, n'oubliez pas de bien charger votre ordinateur avant d'aller en cours. Il n'y aura pas forcément des prises pour tout le monde !

Que faut-il ficher ?

Il est d'usage, quand on est en classes préparatoires ou à Sciences Po, de se jeter à corps perdu dans le fichage des livres recommandés par vos professeurs. Lourde erreur ! Ficher *in extenso* un livre d'histoire ou de géographie n'a en fait pas grand intérêt. En effet, lorsqu'on s'attelle à ficher un livre dans son intégralité, on devient passif et on a davantage la posture d'un scribe que celle d'un étudiant en phase active d'assimilation de connaissances. En outre, ficher entièrement un livre prend du temps.

« Alors que faire ?? », s'écrie l'étudiant en mal de fichage...

Pas de panique, vous allez ficher ! Mais autrement.

Ficher par thème

Vous pouvez réaliser des fiches thématiques, c'est-à-dire des fiches qui vous amènent à consulter et à prélever les informations essentielles de plusieurs ouvrages sur un même thème. Cela a beaucoup plus de sens que le fichage d'un livre *in extenso* car lors d'une dissertation ou d'un commentaire de document(s), vous êtes plus amenés à penser par des entrées thématiques que par ouvrage. De plus, il s'agit là d'un fichage actif qui vous oblige à réfléchir davantage sur ce que vous écrivez, à confronter les points de vue de plusieurs auteurs et donc à problématiser le thème que vous travaillez. Il faut décloisonner les lectures !

Comment citer un ouvrage ?

Vous devez respecter un certain nombre de règles quand vous citez un ouvrage dans une dissertation par exemple ou quand vous constituez une bibliographie.

- Si c'est **au fil du développement** de votre argumentation, la référence bibliographique doit simplement comprendre le nom de l'auteur et l'année de parution. Voici deux exemples :
  - Selon B. Reitel (2004), la frontière est une interface ;
  - La frontière est une interface (B. Reitel, 2004).

  S'il y a plus de deux auteurs, vous écrivez seulement le premier nom (par ordre alphabétique) suivi de : *et al.* Il s'agit de l'abréviation de la locution latine *et alii* qui signifie « et autres ».

  Exemple : (Bailly *et al.*, 2010).

  Vous pouvez rajouter le titre de l'ouvrage (souligné dans le cas d'une production manuscrite, en italique pour une production informatique) si celui-ci est particulièrement significatif quant à votre argument et/ou essentiel dans l'épistémologie de la discipline.

- **Pour une bibliographie** (pour un exposé par exemple, *cf.* « L'exposé à Sciences Po »)

  Si les références bibliographiques sont strictement codifiées, il existe néanmoins quelques variantes. Il est donc primordial d'en choisir une de façon à avoir une bibliographie homogène.

Voici une proposition de bibliographie en fonction du type de document :

- **Pour un livre**

  Nom de l'auteur Initiale du prénom, *Titre* (souligné pour une bibliographie manuscrite), éditeur, collection (le cas échéant), année d'édition.

  Exemple : Simon G., *La Planète migratoire dans la mondialisation*, Armand Colin, 2008.

  S'il y a plusieurs auteurs, il faut faire figurer les noms par ordre alphabétique, séparés par une virgule.

  Par ailleurs, s'il y a plusieurs auteurs et qu'un ou deux de ces auteurs dirigent la publication vous n'écrivez que ces noms-là suivis de (dir.).

  Exemple : Lévy J., Lussault M. (dir.), *Dictionnaire de la géographie et de l'espace des sociétés*, Belin, 2003.

- **Pour un article**

  Nom de l'auteur Initiale du prénom, « Titre de l'article », *Titre du périodique* (souligné pour une bibliographie manuscrite), n°, pages de l'article, date de publication, lien URL (le cas échéant).

  Exemple : Clerval A., Delage M., « La métropole parisienne : une mosaïque sociale de plus en plus différenciée », *Métropolitiques*, 2014, URL : http://www.metropolitiques.eu/La-metropole-parisienne-une.html

Ficher son cours

Il est vraiment important de ficher son cours pour en tirer sa « substantifique moelle », pour reprendre les mots de Rabelais. La fiche du cours fait partie d'un des documents indispensables d'une révision efficace.

Modèle de fiche de cours

TITRE DU COURS/CHAPITRE

- Problématique et plan du cours
- Principales notions
- Chronologie synthétique

  Surtout pour l'histoire.
- Idées essentielles du cours
- Auteurs, citations

  Nom (fonction, années, pays) : « ... ». Puis expliquer la signification et la portée de la citation.

- Personnages clés
  Nom, prénom (dates, pays) : son rôle, ses idées, son parcours.
- Exemples, chiffres
  Choisir les meilleurs exemples et chiffres, notamment les plus transversaux (c'est-à-dire ceux qui pourraient être utilisés pour plusieurs sujets).
- Schéma et productions graphiques du cours
  Surtout pour la géographie.
- La boîte à mots
  Y mettre les mots et expressions utiles qui ont été utilisés par le professeur mais qui ne sont pas spécifiques à la discipline. Exemple : paradigme.

Le répertoire de notions et l'exemplier : les clés du succès

Outre les fiches thématiques et les fiches de cours, deux outils sont véritablement indispensables pour les révisions : le répertoire de notions et l'exemplier.

Le répertoire de notions

Il s'agit en fait de se constituer un lexique des principales notions du cours. Vous pouvez le réaliser à l'ancienne sur un répertoire papier (il en existe de différents formats), ou sur ordinateur, ce qui a l'avantage de pouvoir insérer une table des matières (interactive) et globalement de gagner du temps. N'oubliez pas d'être précis quand vous expliquez la signification d'une notion, notamment en mettant en évidence la place de la notion dans la discipline (épistémologie) et surtout en écrivant les principaux auteurs attachés à la notion.

Si vous le faites sur ordinateur, vous pouvez ajouter au classement alphabétique propre au répertoire, une classification thématique selon les quelques grands axes que vous avez réussi à dégager du thème général d'étude.

L'exemplier

Ce néologisme désigne un catalogue d'exemples classés en différentes thématiques (en général les mêmes que vous avez utilisé pour la classification de votre répertoire de notions). À la manière d'un herbier, il s'agit de « coller » les exemples qui vous semblent les plus pertinents sur le sujet. Il faut veiller à bien développer l'exemple (contexte, localisation, chiffres, évolution, acteurs...) et à toujours préciser ses références (*cf.* l'encadré « Comment citer un ouvrage ? »).

À la fin d'un exemple vous pouvez également écrire pour quelle(s) autre(s) thématique(s) il peut servir. De cette manière quand vous serez en situation d'examen les exemples viendront plus facilement car vous aurez déjà fait ce travail de mise en relation entre les thèmes du sujet et les exemples.

Comme pour le répertoire de notions, si vous le réalisez sur ordinateur, n'oubliez pas d'insérer une table des matières, c'est très précieux !

Comment travailler et réviser ?

- **Suivre les cours avec assiduité et activement**, c'est-à-dire en posant des questions sur ce que vous ne comprenez pas ou ce que vous souhaitez approfondir.
- **Lire le cours dans l'idéal après chaque séance**, ou du moins une fois par semaine. Cette lecture doit être, elle aussi, active en surlignant les éléments clés du cours, en approfondissant certains passages par des lectures, et en corrigeant les possibles fautes faites pendant la prise de notes. C'est à ce moment-là également que vous constituez progressivement vos répertoire et exemplier (*cf. supra*).
- Vos révisions doivent être **organisées dans le temps** (*cf.* « S'organiser : le rétroplanning »).
- **Constituer et apprendre ses documents de révision** :
  - Relire le cours et ficher le cours (*cf. supra*) ;
  - Relire le répertoire de notions et l'exemplier (*cf. supra*) ;
  - Constituer une liste des sujets qui peuvent être donnés ;
  - Apprendre par cœur la fiche du cours, les notions essentielles et les exemples les plus transversaux (c'est-à-dire ceux que vous pouvez mobiliser pour plusieurs sujets) ;
  - En géographie, apprendre environ trois croquis ou schémas, également transversaux, et rapides à réaliser (*cf.* « Les productions graphiques : comment les réaliser ? »).
- **S'entraîner !**
  - Testez vos connaissances : soit en vous faisant interroger par quelqu'un d'autre, soit en mettant par écrit ce que vous avez appris et en confrontant, dans un deuxième temps, avec vos documents de révision ;

- Cette phase de révision peut être tout à fait menée de façon ludique. Par exemple en histoire, pour les dates, vous pouvez fabriquer une sorte de jeu de cartes (il suffit d'avoir des petites fiches cartonnées) avec sur une face la date et sur l'autre sa signification. Vous pouvez utiliser ce jeu avec un ami de votre groupe de travail ou seul ;
- Dans le cadre d'une épreuve de dissertation, sélectionnez un sujet de votre liste et faites un plan détaillé en temps limité : problématique, grandes parties et sous-parties, idées d'amorce et d'ouverture (*cf.* « La dissertation ») ;
- En géographie, entraînez-vous à réaliser en temps limité les croquis et schémas appris.

➡ **L'environnement de travail doit être de qualité !** Bien sûr il varie selon les personnes, mais globalement il serait sage de bannir les portables, télé et autres médias qui perturbent la concentration et allongent de fait le temps de révision, ce qui est contreproductif et peut être usant.

➡ **Évitez d'être plongé dans vos documents de révision la veille au soir** et *a fortiori* les heures précédant l'épreuve, car pour les épreuves de dissertation et de commentaire de documents vous avez besoin de prendre du recul et le fait d'être absorbé par vos documents de révision peut vous amener à vouloir restituer ce que vous venez tout juste de lire. Le risque est donc d'oublier des éléments essentiels dans votre argumentation ou pire de faire un hors-sujet. C'est peut-être le conseil le plus difficile à tenir !

II. S'organiser : le rétroplanning

La gestion du temps, une priorité absolue

Plus que tout autre problème, celui de la gestion du temps est fondamental. C'est probablement l'une des principales difficultés rencontrées en première année à Sciences Po ou dans les classes préparatoires. Lorsque les étudiants évoquent ce problème à leurs enseignants – la plupart du temps pour demander un délai supplémentaire pour réaliser un travail, ce qui est très rarement accordé – le constat est invariable : l'étudiant en question disposait de quatre à cinq semaines pour, par exemple, préparer un exposé et, par une succession de petits travaux qui se sont intercalés dans l'intervalle, il ou elle a fini par ne plus disposer que d'une journée, généralement la veille, pour réaliser l'exposé en question.

Cette situation a beau être un classique, elle n'en reste pas moins embarrassante mais aussi et surtout tout à fait surmontable ! Pourquoi, d'abord, est-elle embarrassante ? Tout simplement car la structure des enseignements diffère en classes préparatoires et à Sciences Po par rapport au lycée. Contrairement au lycée où l'enseignement est dirigé principalement par les enseignants, il est souvent organisé autour du travail des étudiants en classes préparatoires et à Sciences Po. Prenons l'exemple d'une conférence de méthode d'histoire de deux heures en IEP. La répartition du temps est très souvent la suivante :

1. Un exposé d'étudiant d'une durée de dix à quinze minutes suivi de dix à quinze minutes de questions de l'enseignant et des autres étudiants.
2. La correction de l'exposé par l'enseignant pendant environ une demi-heure.
3. Un autre exposé et sa correction.

Autrement dit, dans cette structure de conférence de méthode, 100 % de l'enseignement repose sur la production de deux élèves, ceux ayant préparé un exposé. L'on voit bien en quoi un étudiant qui arriverait à cette conférence de méthode en demandant un délai pour préparer l'exposé qu'il devait présenter ce jour poserait problème à l'ensemble de ses camarades et à son enseignant. La ponctualité est donc de mise. Alors, comment, concrètement, parvenir à ne jamais rendre un travail en retard ? La réponse réside dans la réalisation d'un rétroplanning.

Le rétroplanning, un outil sur mesure

Le rétroplanning est un outil d'organisation qui consiste à recenser toutes les tâches à effectuer lors d'un travail, en partant du travail fini et en remontant jusqu'à son commencement, puis à agencer ces tâches dans un emploi du temps donné.

Tenir un rétroplanning est donc nécessaire afin de pouvoir réaliser son travail sereinement et, surtout, dans les temps. En histoire et en géographie, comme dans la plupart des matières, les tâches à placer dans le rétroplanning général sont, le plus souvent, les suivantes :

- Réalisation des lectures obligatoires ;
- Réalisation des lectures complémentaires ;
- Relecture des cours ;
- Réalisation des fiches ;
- Apprentissage des cours et des fiches ;

– Réalisation des exercices : exposés, dissertations, croquis, commentaire de documents, fiches de lecture, *papers*... (chacun de ces exercices comptant pour une tâche à chaque fois) ;
– Relecture des corrections des exercices et, éventuellement, en refaire tout ou partie pour s'améliorer.

En gardant cela à l'esprit, il conviendra donc, très rapidement au début du semestre, de préparer son rétroplanning pour chaque enseignement d'histoire et de géographie et, au-delà du champ de ce manuel, pour chaque enseignement tout court. Prendre cette bonne habitude dès la première semaine est, à coup sûr, le meilleur moyen de ne pas se sentir constamment submergé alors que la masse de travail à abattre est considérable, en première et deuxième années, en khâgne comme à Sciences Po.

Cette nécessité de tenir un rétroplanning tient essentiellement à la différence de répartition du travail entre le lycée et le supérieur. Au lycée, les différents devoirs d'histoire ou de géographie – qui ne se télescopent que rarement car la plupart des enseignants fait alterner les deux matières – sont connus des élèves dans une temporalité courte : une interrogation sur le cours est annoncée deux à trois jours avant la date, un devoir surveillé, au mieux, un mois avant. Quant aux exercices à faire à la maison comme les croquis ou les entrainements au baccalauréat, ils sont parfois demandés du jour au lendemain.

En prépa ou à Sciences Po, les devoirs du jour au lendemain existent, encore qu'ils soient très rares à Sciences Po où l'on ne voit quasiment jamais le même enseignant deux fois dans la même semaine. En revanche, les devoirs et travaux programmés dès le début du semestre sont légion. Il faut donc saisir cela comme une chance de pouvoir programmer son emploi du temps sur mesure. Dès lors, comment bien réaliser son rétroplanning ?

Fabriquer le rétroplanning

Pour concevoir un rétroplanning, il faut :

– Définir quelles seront les plages de travail dans l'emploi du temps de l'ensemble du semestre ;
– Lister l'ensemble des tâches à accomplir ;
– Évaluer le temps nécessaire à l'exécution de chacune de ces dernières.

Une fois ce travail préalable achevé, l'on peut envisager de remplir le planning. Ces étapes sont donc incontournables et méritent une attention toute particulière. Voici quelques conseils pour les mener à bien.

■ Définir les plages de travail

La définition des plages de travail disponibles sur le semestre est un exercice délicat. En effet, il s'agit de prévoir un modèle d'emploi du temps pour environ douze semaines. Il va donc falloir décompter de ce temps : le temps physiologique (dormir, se nourrir, prendre soin de soi), le temps passé en cours, le temps des loisirs et le temps des contraintes (transports, impératifs de la vie domestique...). Il peut paraître surprenant d'entrer dans ce niveau de détails. Pourtant, il ne faut pas perdre de vue que la première année correspond pour beaucoup d'étudiants au début d'une vie véritablement autonome. C'est donc une période d'apprentissage qui dépasse les seules affaires scolaires : faire les courses, le ménage, préparer ses repas...toutes ces tâches sont désormais, elles aussi, à caser dans l'emploi du temps ! Il ne faut donc pas les oublier.

Une fois tous ces temps déduits, le temps qui reste est donc le temps disponible pour travailler. Idéalement, le mieux est d'envisager sa semaine type, avec un décompte du temps jour par jour. Tel jour comporte tant d'heures de cours, de temps de transport, de temps physiologique... C'est l'addition des sept jours, reproduits ensuite sur douze semaines, qui donne leur physionomie aux plages de temps disponibles pour le travail personnel.

■ Lister l'ensemble des tâches à accomplir

Cette étape n'est pas la plus difficile, encore faut-il ne rien oublier.

En effet, outre les exercices demandés par l'enseignant, il convient également de prendre en compte les lectures obligatoires et facultatives ainsi que l'apprentissage – pur et simple – des cours. Ainsi, il est recommandé de ne surtout pas attendre la fin du semestre et l'approche des examens pour débuter l'acquisition et surtout la mémorisation des savoirs. Cela constituerait une somme de cours bien trop importante à assimiler en une ou deux semaines. C'est pourquoi, s'il est un point de permanence absolue entre le lycée et la première année, c'est bien celui de la nécessité d'apprendre régulièrement – pour ne pas dire au jour le jour – ses leçons. *A contrario*, il n'est pas inutile d'intégrer, dès le début du semestre, le principe de révisions pour les examens dans la liste des tâches à insérer dans le rétroplanning.

Évaluer le temps nécessaire à l'exécution de chaque tâche

De façon générale, pour le seul apprentissage et la réalisation des fiches, il est conseillé de doubler le temps passé en cours en temps de travail personnel.

S'agissant plus spécifiquement des travaux à réaliser, il n'y a pas de durée-type même s'il est rarement efficace de passer plus de dix heures et moins de sept heures sur la préparation d'un exposé, d'une dissertation ou d'un commentaire de document. De ce temps de préparation, 10 % peuvent être consacrés à la réflexion initiale sur le sujet (le *brainstorming*) et à la recherche bibliographique. 30 % peuvent ensuite être alloués à la lecture des ouvrages de la bibliographie. Puis 15 % sont mis à profit pour définir la problématique et le plan. On passe ensuite à la rédaction (35 % du temps). Les 10 % restants sont consacrés à la relecture et, dans le cas d'un oral, à la préparation de la présentation. Ce décompte n'est bien sûr donné qu'à titre indicatif et doit être adapté à chaque exercice et sujet.

Une fois toutes ces étapes accomplies, la création du rétroplanning ne consiste plus qu'à insérer les tâches dans les plages de travail.

Que faire si je n'ai pas assez de temps disponible pour faire rentrer toutes les tâches dans le rétroplanning ?

- Il arrive souvent, en première année, de se sentir submergé par la quantité de travail à fournir. Cela peut arriver au moment de réaliser le rétroplanning, quand l'étudiant constate qu'il ne dispose pas de suffisamment de temps pour faire tenir tous ses travaux dans son planning. Surtout, pas de panique ! Il faut, dans ce cas, réfléchir à front renversé. Ainsi, plutôt que de chercher à faire rentrer trente heures pour préparer trois exposés alors qu'il ne reste que vingt-cinq heures dans l'emploi du temps, il va falloir rentrer trois préparations d'exposés dans vingt-cinq heures !
- Autrement dit, cela signifie qu'il faut allouer un peu plus de huit heures à chaque exposé, au lieu de dix. Comme la décomposition du temps de préparation de chaque étape évoquée plus haut est donnée en pourcentages, cela ne change rien au dispositif global. Il conviendra juste de se discipliner et de se forcer à ne pas dépasser les huit heures pour ne pas faire peser sur le troisième exposé l'ensemble du manque de temps.

Je n'arrive pas à tenir mon rétroplanning : que faire ?

- La première question à se poser est la suivante : si je n'arrive pas à tenir mon rétroplanning, est-ce parce que je fais autre chose pendant les plages de temps théoriquement allouées au travail ? Si oui, cela signifie qu'il faut réévaluer l'ensemble du temps disponible, honnêtement.
- Sinon, il faut alors se demander si l'on n'a pas été trop ambitieux en n'accordant pas assez de temps à telle ou telle tâche. Là encore, l'honnêteté avec soi-même doit primer !
- Enfin, dernier cas, il se peut que, lors de la préparation d'un exposé ou d'une dissertation, l'étudiant ne parvienne pas à passer à la rédaction après les lectures, par peur d'avoir manqué une idée importante. Si tel est le cas, il faut alors se demander si, en poursuivant les lectures, on découvrira de nouveaux éléments, plutôt que relire des choses déjà vues ailleurs. Si la réponse est « non », alors il faut prendre son courage à deux mains et passer à la rédaction !
- En tout état de cause, il est normal, une fois tous les dix ou quinze jours, de réévaluer son rétroplanning pour l'adapter à la situation.

III. Trouver l'information : les ressources

En histoire

On ne vise pas, ici, l'exhaustivité, mais simplement à donner aux étudiants quelques clefs d'entrée dans la discipline historique. L'importance accordée à l'histoire contemporaine est justifiée par la place que cette dernière occupe aux concours que passeront les étudiants à leur sortie des classes préparatoires et dans le cadre des enseignements de premier cycle à Sciences Po et dans les IEP.

Bibliographie

Généralités

- Histoire universelle

– Georges Duby, *Atlas historique mondial*, Paris, Larousse, 2013 (réédition).
L'histoire sous forme de cartes. L'ouvrage permet d'étudier de grands événements ou de grandes tendances de l'histoire de l'humanité au moyen de cartes très complètes. L'ouvrage se termine par une chronologie universelle, ce qui est toujours utile.

– Michel Mourre, *Dictionnaire d'histoire universelle*, Paris, Bordas, 2004 (réédition).
Ce dictionnaire compact permet de consulter rapidement des notices synthétiques sur la plupart des sujets d'histoire universelle (personnages, événements, concepts...). Pour une première approche d'un sujet.

– Albert Malet, Jules Isaac, *Histoire*, Paris, Hachettes littératures, 2002 (réédition).
Les quatre tomes du « Malet-Isaac » sont en fait des manuels d'histoire générale qui ont formé des générations d'élèves. Le tome 1 porte sur *Rome et le Moyen Âge*, le tome 2 sur *L'Âge classique*, le tome 3 sur *Les Révolutions* et le tome 4 sur *La Naissance du monde moderne*. Bien sûr, l'ensemble a fortement vieilli. Toutefois, ces ouvrages peuvent être utiles aux étudiants désireux de se familiariser avec la trame chronologique globale de l'histoire de l'Occident.

On peut également ajouter à ces ouvrages d'histoire universelle l'ensemble des livres de la **collection « Que sais-je ? »** parus aux Presses universitaires de France et qui portent sur des sujets historiques.

- Histoire de France

Plusieurs collections permettent de se familiariser avec l'histoire de France. Parmi les sorties récentes, on peut relever la **collection « Une histoire personnelle de la France »** dirigée par Claude Gauvard aux Presses universitaires de France. Chaque ouvrage de la collection est rédigé par un historien spécialiste de la période concernée.

Également riche d'enseignements, la **collection « Histoire de France »** parue récemment chez Belin, sous la direction de Joël Cornette. La dizaine de volumes que compte la collection permet de se familiariser avec l'histoire de la France de 481 à nos jours.

Historiographie

- **Antoine Prost, *Douze Leçons sur l'histoire*, Paris, Seuil, 1996.**
- **Paul Veyne, *Comment on écrit l'histoire*, Paris, Seuil, 1996 (réédition).**
  Ces deux ouvrages apportent une réflexion sur ce qu'étudier l'histoire signifie. Le premier, celui d'Antoine Prost, est la reprise d'un cours dispensé en faculté. Il permet aux étudiants de se familiariser avec les principaux enjeux épistémologiques de l'histoire. Le second, celui de Paul Veyne, est un essai, d'abord moins facile, mais qui permet d'approfondir la réflexion sur ces sujets.
- **Christian Delacroix, François Dosse, Patrick Garcia, Nicolas Offenstadt (dir.), *Historiographies. Concepts et débats*, Paris, Gallimard, 2010 (2 volumes).**
- **Jean-François Sirinelli, Pascal Cauchy, Claude Gauvard (dir.), *Les Historiens français à l'œuvre, 1995-2010*, Paris, Presses universitaires de France, 2010.**
  Ces trois livres permettront aux étudiants de se familiariser avec les principaux débats historiographiques qui ont cours entre historiens. *Historiographies, Concepts et débats* est organisé comme un dictionnaire, chaque notice – assez longue – évoque une notion, un concept ou un débat historiographique. *Les Historiens français à l'œuvre*, pour sa part, est issu d'un colloque dont le but était de faire le point, grande période par grande période, des avancées de la recherche en histoire en France. Ces lectures compléteront donc utilement les réflexions des étudiants à la découverte de la discipline historique.

Vulgarisation

Les ouvrages de vulgarisation, notamment les magazines, ne suffisent pas pour réussir en histoire à Sciences Po ou en classes préparatoires. Toutefois, ils permettent parfois une première approche des sujets et sont généralement richement illustrés, ce qui peut avoir un intérêt notamment dans la préparation des exposés. C'est pourquoi l'on peut, selon les sujets, se référer aux quelques grands titres disponibles comme ***L'Histoire*, *Historia*** ou encore ***La Documentation photographique*** qui consacre parfois des dossiers intéressants à des problèmes historiques.

Histoire contemporaine

Les propositions de lectures recensées ci-dessous visent trois buts distincts : étudier la chronique des événements, réviser efficacement et approfondir la réflexion sur la signification de ces dates.

Pour la chronique des événements et pour réviser efficacement, les ouvrages suivants seront d'une grande utilité :

- Éric Anceau, ***Introduction au XIXe siècle, tome 1 : 1815-1870*** **et** ***tome 2 : 1870-1914*****, Paris, Belin, 2003.**
- **Serge Berstein et Pierre Milza,** ***Histoire du XIXe siècle*****, Paris, Hatier, 1996.**
- **Serge Berstein et Pierre Milza,** ***Histoire du XXe siècle*****, Paris, Hatier, 1996-2010 (4 tomes).**
- **David Colon,** ***L'Histoire du XIXe siècle en fiches*****, Paris, Ellipses, 2010 (réédition).**

Pour approfondir la réflexion, l'on conseille vivement de lire les ouvrages ***Introduction à l'histoire de notre temps*** de René Rémond, en trois tomes : *L'Ancien Régime et la Révolution*, *Le XIXe siècle* et *Le XXe siècle*.

Sitographie

Revues en ligne

L'essor des revues en ligne est une aubaine pour les étudiants. La plupart du temps, des abonnements à des plateformes comme ***Cairn*** (http://www.cairn.info/) ou ***JStor*** (http://www.jstor.org/) sont fournis aux étudiants par leurs établissements. En outre, l'on peut accéder gratuitement, pour des numéros plus anciens, à ***Persée*** (http://www.persee.fr/). Les revues scientifiques permettent de se familiariser avec les dernières avancées de la recherche. Leur présence en ligne facilite leur indexation et permet d'accéder, *via* les moteurs de recherche des plateformes qui les hébergent, à des articles portant directement sur les sujets étudiés en cours.

Sources/Documentation

Afin d'illustrer des exposés ou pour approfondir l'étude de certains sujets, les étudiants ont intérêt à remonter à la source. De nombreux sites proposent de la documentation facilement accessible mais il faut bien veiller à son authenticité.

C'est pourquoi les sites suivants sont plus particulièrement recommandés :

- *L'Histoire par l'image* : http://www.histoire-image.org/
- *Ina – Jalons* : http://fresques.ina.fr/jalons/
- *Gallica* : http://gallica.bnf.fr/
- *Europeana* : http://www.europeana.eu/
- *Legifrance* : http://www.legifrance.gouv.fr/
- *Archives nationales* : http://www.archives-nationales.gouv.fr/

– *Assemblée nationale* : http://www.assemblee-nationale.fr/
– *Sénat* : http://www.senat.fr/

Vulgarisation

Comme pour les livres, la vulgarisation sur Internet peut s'avérer utile. Toutefois, là encore, il faut veiller aux sites mobilisés. Sur l'histoire générale, le site **herodote.net** propose de nombreux articles et une actualité de l'histoire. Pour une histoire du XXe siècle, le site Internet « **Quatre vies en résistance** » réalisé au moment de l'entrée au Panthéon de quatre résistants en 2015 propose une frise chronologique interactive illustré de documents d'archives et audiovisuels de plus de cent dates (http://www.quatreviesenresistance.fr/). Enfin, il peut être intéressant d'exploiter les possibilités offertes par **les podcasts** et **la télévision à la demande**. Ainsi, on pourra réécouter des émissions comme *La Fabrique de l'Histoire* (France Culture), *La Marche de l'Histoire* (France Inter) et *Au cœur de l'histoire* (Europe 1) ou visionner les documentaires proposés sur des chaînes comme Arte ou France 5.

En géographie

Bibliographie

- **Les principaux dictionnaires (des indispensables !)**

– Baud P., Bourgeat S., Bras C., *Dictionnaire de géographie*, Hatier, coll. « Initial », 2008.
– Brunet R., Ferras R., Théry H., *Les Mots de la géographie, dictionnaire critique*, Reclus / La Documentation française, 2005 (réédition).
– Charvet J.-P. (dir.), *Dictionnaire de géographie humaine*, Éditions Liris, 2000.
– Dunlop J., *Les 100 Mots de la géographie*, Paris, PUF, coll. « Que sais-je ? », 2009.
– Lévy J., Lussault M. (dir.), *Dictionnaire de la géographie et de l'espace des sociétés*, Belin, 2003.

- **À la découverte de la géographie**

– Allemand S. (dir.), *Comment je suis devenu géographe*, Le Cavalier bleu, 2007.
– Allemand S., Dagorn R.-E., Vilaca O., *La Géographie contemporaine*, Éditions Le Cavalier bleu, coll. « Idées reçues », 2005.
– Beucher S., Reghezza M., *La Géographie : pourquoi ? comment ? Objets et démarches de la Géographie d'aujourd'hui*, Hatier, coll. « Initial », 2005.

– Chabrol M., Monot A., *Je réussis en géo*, Armand Colin, 2012.
– Ciattoni A., Veret Y. (dir.), *Les Fondamentaux de la géographie*, Armand Colin, coll. « Campus », 2003.
– Perec G., *Espèces d'espaces*, Éditions Galilée, 1974.
– Scheibling J., *Qu'est-ce que la géographie ?*, Hachette, 2011.

Pour approfondir

– Collection « Atlas autrement ».
– Collection « Documentation photographique ».
– Collection « Images économiques du monde » chez Armand Colin.
– La revue *Carto*, fondée en 2010, dont l'objectif est de reprendre des questions d'actualité à travers des cartes.
– Carroué L., *Géographie de la mondialisation*, Armand Colin, coll. « U », 2007.
– Claval P., *Épistémologie de la géographie*, Paris, Armand Colin, coll. « U », 2007.
– Dollfus O., *La Mondialisation*, Presses de Sciences Po, 2001.
– Grataloup C., *Géohistoire de la mondialisation. Le temps long du monde*, Paris, Armand Colin, coll. « U », 2007.
– Noin D., *Le Nouvel Espace français*, Armand Colin, 2009.
– Paulet J.-P., *Géographie urbaine*, Armand Colin, coll. « 128 », 2009.
– Pinchemel Ph. et G., *La Face de la Terre*, Paris, Armand Colin, coll. « U », 1988.
– Pitte J.-R., *Histoire du paysage français*, Tallandier, 2003.
– Simon G., *Migrants et migrations du monde*, La Documentation française, 2008.
– Smits F., *Géographie de la France*, Hatier, coll. « Initial », 2011.

▸ Cartographie et commentaire de cartes

– Brunet R., *La Carte mode d'emploi*, Fayard, 1987.
– Défossé J., *Principes et méthodes du Commentaire de cartes aux concours*, PUF, coll. « Major », 1996.
– Derruau M., *Les Formes du relief terrestre. Notions de géomorphologie*, Armand Colin, coll. « U », 2010.
– Grataloup C., « Représenter le monde », *La Documentation photographique*, n° 8084, La Documentation française, 2011.
– Revert S., *Petite Méthodologie de la cartographie*, Ellipses, 2012.
– Tiffou J., *Commenter la carte topographique aux examens et concours*, Armand Colin, coll. « U », 2000.

▸ Sitographie

Bases de données

Les bases de données sont des catalogues qui comprennent des notices bibliographiques.

- Base de données SUDOC : www.sudoc.abes.fr
  Le catalogue du Système universitaire de documentation est le catalogue le plus fourni (plus de 10 millions de notices bibliographiques) du supérieur.
- Catalogue de la bibliothèque de l'Institut de géographie de Paris : http://demartonne.univ-paris1.fr/*frf
  Institut de géographie
  191 rue Saint-Jacques
  75005 Paris
- Portail de revues *Cairn* : https://www.cairn.info/
- Portail de revues *Persée* : http://www.persee.fr/
- France, le trésor des régions : http://tresordesregions.mgm.fr/
  Ce site est une base de données sur les différents territoires qui composent la France.

▸ Les incontournables

- Géoconfluences : http://geoconfluences.ens-lyon.fr/
  Géoconfluences est un site de publication en ligne de ressources en géographie de la Direction générale de l'enseignement scolaire (Dgesco) et de l'École Normale Supérieure de Lyon (ENS de Lyon). Ce site est une véritable mine d'informations car il offre à la fois des dossiers régionaux, thématiques mais aussi un lexique et des réflexions pertinentes sur l'actualité.
- HAL.archives-ouvertes : https://hal.archives-ouvertes.fr/
  Site qui permet de consulter des articles scientifiques et des thèses.
- Hypergéo (vocabulaire) : http://www.hypergeo.eu/
  Le dictionnaire en ligne de géographie : un outil précieux !
- INSEE : http://www.insee.fr/fr/
  Site de l'Institut national de la statistique et des études économiques, très utile pour les données concernant la France.

▸ Les rapports de jury des ENS

- ENS Ulm : http://www.ens.fr/admission/concours-lettres/rapports-et-sujets/
- ENS LSH : http://www.ens-lyon.eu/admissions/archives-du-concours-d-entree-10275.kjsp?RH=CONC_ARCH&RF=CONC_ARCH

▸ Revues en ligne

- *Carnets de géographes* : http://www.carnetsdegeographes.org/index.php
- *Cybergeo* : http://cybergeo.revues.org/
- *Echogéo* : http://echogeo.revues.org/
- *EspacesTemps.net* : http://www.espacestemps.net/index.html
- *Géocarrefour* : http://geocarrefour.revues.org/
- *Justice spatiale – spatial justice* : http://www.jssj.org/
- *Mappemonde* : http://mappemonde.mgm.fr/
- *Urbanités* : http://www.revue-urbanites.fr/

▸ Émissions géographiques

- Le temps de la géographie :
  http://www.franceculture.fr/emission- le-temps-de-la-geographie
  Émission estivale de France Culture, animée par Pauline Dalençon et Patrick Poncet, qui interroge des espaces qui nous sont familiers à travers une lecture géographique renouvelée. Exemples de sujets : la plage, la gare, l'hôtel, James Bond, l'espion des géographes.
- Planète Terre : http://www.franceculture.fr/emission-planete-terre-1
  Émission de France Culture animée par Sylvain Kahn qui invite une fois par semaine pendant un peu moins d'une heure des géographes et autre spécialistes sur des enjeux géographiques du monde actuel. Exemples de sujets traités : « Comment fonctionne la planète pétrole ? », « Le réchauffement climatique vu des pays émergents », « La ville américaine est-elle durable ? », « De Peter Pan à Tintin : géographie des pays imaginaires ».

▸ **Rencontres géographiques**

– FIG de Saint-Dié : http://www.fig.saint-die-des-vosges.fr/
  Le Festival international de géographie (FIG) a lieu, depuis 1990, tous les ans début octobre à Saint-Dié dans les Vosges. Il réunit des géographes, des étudiants, des enseignants de France et d'ailleurs, des visiteurs curieux du monde qui les entoure pour se rencontrer, débattre, écouter des conférences et partager leur passion pour la géographie. Pour chaque édition, un thème est choisi.

  Sur le site du FIG vous trouverez des retranscriptions des conférences qui peuvent vous être très utiles, mais vous pouvez tout autant y trouver des recettes du monde.

  Thèmes traités depuis la création du FIG :

  - *Les Territoires de l'imaginaire, utopie, représentation et perspective* (2015).
  - *Habiter la terre* (2014).
  - *La Chine, une puissance mondiale* (2013).
  - *Les facettes du paysage : nature, culture, économie* (2012).
  - *L'Afrique plurielle : paradoxes et ambitions* (2011).
  - *La forêt, or vert des Hommes ? Gestion Protection Exploitation durable* (2010).
  - *Mers et Océans : les géographes prennent le large* (2009).
  - *Entre guerres et conflits : la planète sous tension* (2008).
  - *La planète en mal d'énergies* (2007).
  - *Les géographes redécouvrent les Amériques* (2006).
  - *Le monde en réseaux : lieux visibles, liens invisibles* (2005).
  - *Nourrir le monde, nourrir les hommes. Les géographes se mettent à table* (2004).
  - *Eau et géographie, source de vie, source de conflits, trait d'union entre les hommes* (2003).
  - *Religions et Géographie : ces croyances, représentations et valeurs qui modèlent le monde* (2002).
  - *Géographie de l'innovation, de l'économique au technologique, du social au culturel* (2001).
  - *La géographie et la santé* (2000).
  - *Vous avez dit nature ? Géographie de la nature, nature de la géographie* (1999).
  - *L'Europe, un continent à géographie variable* (1998).
  - *La planète « nomade », les mobilités géographiques d'aujourd'hui* (1997).
  - *Terres d'exclusion, terres d'espérances* (1996).

- *Risques naturels, risques de société* (1995).
- *Régions et mondialisation* (1994).
- *Monde rural, espaces, enjeu* (1993).
- *Les nouveaux « Nouveaux mondes »* (1992).
- *Mégapoles et cités géantes : pour une écologie urbaine* (1991).
- *Les découpages du monde* (1990).

– Cafés géographiques : http://cafe-geo.net/
Les Cafés géographiques ont été créés dans le cadre du Festival international de géographie en 1997. Les cafés-géo sont des interventions sur un thème géographique données dans un café, et auxquelles n'importe qui peut y assister et participer au débat qui suit. L'idée est de faire connaître davantage la géographie et surtout de sortir du cadre académique trop rigide.
Le site des Cafés géographiques contient les comptes-rendus des différentes rencontres et le calendrier des prochains cafés-géo.

▸ **S'entraîner à localiser**

– Jeux géographiques : http://www.jeux-geographiques.com/

▸ **Cartes**

– GéoPortail (IGN) : http://www.geoportail.gouv.fr/accueil
– Cartothèque de Sciences Po Paris : http://cartographie.sciences-po.fr/fr/cartotheque
– Cartothèque de la documentation française : http://www.ladocumentationfrancaise.fr/cartes/

DEUXIÈME PARTIE

Acquérir la méthodologie des différentes épreuves

Gérer son temps, la clef de toutes les épreuves

Au cours de la première année, que ce soit en classes préparatoires ou à Sciences Po, les étudiants éprouvent généralement une difficulté nouvelle à gérer leur temps pendant les exercices proposés – commentaire de document, dissertation... Cela peut parfois les conduire à rendre des devoirs inachevés. Une telle attitude pose problème. En effet, une copie inachevée obtient rarement la moyenne. Il faut rendre un devoir comprenant une introduction, un développement et une conclusion et, bien entendu, on ne peut pas rendre son brouillon ! Dès lors, quelles astuces mettre en œuvre pour toujours parvenir à finir une copie ? S'inspirer de la méthode du rétroplanning est salutaire. Pour rappel, cette méthode repose sur la mise en regard d'une liste de tâches à accomplir dans le temps imparti pour le faire.

Lors d'un devoir écrit, les tâches sont finalement peu nombreuses :

- Effectuer un *brainstorming* sur les termes du sujet ;
- Trouver la problématique et le plan ;
- Organiser ses connaissances dans le plan ;
- Rédiger l'introduction, le développement et la conclusion ;
- Se relire.

On note que la plupart d'entre elles intervient au brouillon. Aussi, s'il convient de ne pas négliger ces étapes essentielles, encore faut-il ne pas perdre trop de temps. Par exemple, il est inutile d'écrire au brouillon l'ensemble de la copie ou même de développer les exemples mobilisés dans une dissertation. Il faut se faire confiance : ces exemples sont connus car ils ont été appris tout au long du semestre. Par conséquent, il suffit, au brouillon, de n'inscrire que le minimum vital – un événement, une date, un lieu... – comme aide-mémoire mais de réserver le développement au moment de la rédaction. Le temps passé à travailler au brouillon ne doit pas excéder les 20-25 % du temps total de l'épreuve. Ainsi, pour une dissertation de 5 heures, il est conseillé de passer une heure au brouillon (pas plus !), ce qui permet de disposer d'une demi-heure pour rédiger l'introduction et la conclusion, de trois heures pleines pour rédiger le développement et d'encore une demi-heure pour la relecture.

Comment alors gérer les trois heures de rédaction du développement ? Il ne faut en aucun cas croire que c'est beaucoup de temps et que l'on peut démarrer tranquillement ! Au contraire, il faut réfléchir en termes de nombre de paragraphes à rédiger. Pour un développement de trois parties et trois sous-parties, cela signifie qu'il y a neuf sous-parties à rédiger. Autrement dit, il faut diviser le temps – trois heures, soit 180 minutes – par neuf sous-parties. Cela signifie que chaque sous-partie doit être rédigée en vingt minutes maximum. Il faut surveiller son temps à chaque instant : si l'on prend de l'avance, ce n'est pas grave, au contraire ! En revanche, si l'on voit qu'au bout de quinze minutes, on est loin d'avoir fini la sous-partie, il faut se hâter et peut-être même faire le choix difficile de ramasser au maximum son propos pour pouvoir passer à la sous-partie suivante. En effet, tout retard pris en cours de rédaction implique de ne pas disposer de suffisamment de temps à la fin pour rédiger la conclusion voire, dans certains cas, la dernière partie ! À l'inverse, si l'on fait le choix stratégique de parfois renoncer à certains développements lorsque l'on constate que le temps manque, on se ménage la possibilité de rendre une copie certes moins exhaustive mais complète, ce qui sera forcément mieux perçu par le correcteur.

Ces principes valent pour toutes les épreuves. Alliés à des connaissances solides et à la mise en œuvre d'une bonne méthodologie, ils devraient permettre aux étudiants de franchir aisément le cap de la transition du lycée vers les classes préparatoires ou Sciences Po. Les pages qui suivent présentent, par conséquent, la méthode des différents exercices attendus en histoire et en géographie : la dissertation, le commentaire de document(s), le croquis et l'exposé.

CHAPITRE 1.
La dissertation

I. La dissertation en histoire

Qu'est-ce qu'une dissertation en sciences humaines ?

La dissertation est un des exercices-clefs dans l'évaluation des étudiants en sciences humaines et sociales, dont l'histoire fait partie. Quelles en sont les grandes caractéristiques ?

■ La dissertation est une question

Le principe même de dissertation repose sur une question, sur une interrogation. Le but véritable de cette question, posée en quelque sorte artificiellement par l'enseignant qui en connaît la réponse, est de contrôler le niveau des connaissances des étudiants. La dissertation est donc une interrogation de connaissances qui repose sur la rédaction d'une composition sur un sujet donné.

■ La dissertation est une démonstration

Toutefois, ce contrôle de connaissances ne doit en aucun cas aboutir à un plaquage de fiches de cours dans une copie. En effet, le curseur d'exigence est placé un peu plus loin puisque les connaissances doivent être mobilisées au service d'une argumentation, en réponse à la question posée. Ainsi, la dissertation est une démonstration. Il faudra donc veiller, dans la façon de rédiger, à toujours rattacher les connaissances à des arguments qui servent le propos général de la copie. Tout à la fois exercice d'érudition et d'argumentation, la dissertation repose donc sur l'organisation des connaissances et sur un vif esprit de synthèse.

Quels sont les principaux types de sujets de dissertation en histoire ?

En histoire, quatre grandes familles permettent de rassembler la plupart des sujets de dissertation :

- Les **sujets-tableaux** : ils ont vocation à faire émerger les grandes caractéristiques d'un élément historique à un moment donné.
  Exemples : « La France à la veille de la Première Guerre mondiale »
  « Être libéral en France au XIXe siècle »
- Les **sujets comparatifs** : il s'agit de comparer un phénomène historique à un moment donné à des endroits différents.
  Exemple : « Les unités allemande et italienne au XIXe siècle »
- Les **sujets relatant une évolution** : il faut dans ce cas comprendre comment l'on passe d'une situation à une autre sur un laps de temps donné.
  Exemples : « Le concert des nations européennes (1815-1914) »
  « Les "Trente Glorieuses" (1945-1973) »
- Les **sujets analytiques** : ce sont les sujets qui font apparaître des liens entre différents acteurs historiques ou qui portent en eux une réflexion sur les concepts historiques.
  Exemples : « L'Italie et l'Allemagne existent-elles au XIXe siècle ? »
  « Que restaure la Restauration ? »
  « L'État et l'armée au XIXe siècle en Europe »

Les grands principes de la dissertation en histoire

Pour réussir la dissertation en histoire, il convient de mobiliser les principes fondamentaux de la discipline historique. Parmi ceux-ci, l'administration de la preuve, le rapport au temps et la réflexion sur les jeux d'échelles, notamment chronologiques, sont essentiels. Cela emporte une série de trois conséquences sur la physionomie d'une dissertation. Premièrement, l'argumentation historique s'appuie sur la notion d'évolution. Ensuite, la dissertation est un texte incarné. Enfin, elle est un texte contextualisé, précis sur les dates. Pour mieux cerner ce que signifient ces grands principes nous nous appuierons sur le sujet suivant : « **Que restaure la Restauration ?** »

L'argumentation historique s'appuie sur la notion d'évolution

De prime abord, il faut considérer la dissertation, quel que soit le type de sujet, comme une réflexion sur les évolutions historiques. Tout sujet de dissertation en histoire implique de s'interroger sur la façon dont on passe d'une situation A à une situation B.

De cette façon, la plupart des plans de dissertation en histoire est chronologique. Dès lors, en préparant son travail, l'étudiant devra réfléchir aux grandes scansions, aux ruptures et aux continuités qui marquent le sujet.

▸ ***Exemple : « Que restaure la Restauration ? »***

Par exemple, pour le sujet « Que restaure la Restauration ? », l'étudiant devra se demander si la Restauration, qui fait suite à la chute de l'Empire napoléonien, est un bloc homogène. À l'inverse, n'y a-t-il pas des différences entre les règnes de Louis XVIII (1814-1824) et de Charles X (1824-1830) ?

On le voit, il faut donc faire preuve de nuance et, toujours, pour ce faire, mettre en œuvre une approche diachronique. Cette règle souffre peut-être une exception : dans les sujets-tableaux, sauf si de grandes ruptures interviennent au cours de l'année étudiée – comme dans des sujets sur la France de 1789 ou de 1848 avec leurs grandes ruptures révolutionnaires – on peut généralement privilégier une approche plus thématique.

Une dissertation doit être incarnée

Parallèlement, la dissertation est un texte qui doit être incarné. En effet, il s'agit d'administrer la preuve de ce que l'on avance. Autrement dit, il convient de recourir à des exemples, à des faits historiques, qui illustrent telle ou telle idée avancée dans l'argumentation. Or, ces faits sont dus à des personnages historiques. Les acteurs de l'histoire tiennent donc une place importante dans la dissertation. C'est pourquoi il ne faut pas négliger la présentation de petites biographies et de brefs récits en cours de devoir. De la même façon, on ne peut pas se cantonner aux seuls concepts. L'histoire est une science *humaine*. Le rôle des hommes et des femmes est donc prééminent et il faut bien veiller à ne pas le minimiser. Cela devrait en outre prémunir de tomber dans l'écueil du déterminisme (sans pour autant dénier l'existence d'effets structurels).

▸ ***Exemple : « Que restaure la Restauration ? »***

Pour illustrer l'ensemble de ce propos, reprenons l'exemple du sujet « Que restaure la Restauration ? ». Ce serait une faute de ne répondre que par des concepts abstraits du type « la monarchie de droit divin » ou « l'absolutisme ». Au contraire, il faut montrer que la Restauration procède de deux rois, Louis XVIII et Charles X, aux visions proches mais pas totalement identiques. Ainsi, si Louis XVIII restaure avant tout l'institution monarchique en tant que telle, Charles X quant à lui essaie de redonner une autorité plus grande au roi, renouant, ou au moins essayant de renouer, avec une forme d'absolutisme abolie par la Révolution française. Il est évident que ne pas faire référence aux idées et aux choix de ces deux hommes empêcherait de traiter subtilement le sujet de la dissertation.

■ La dissertation est un texte contextualisé, avec des dates précises

Enfin, dans un esprit assez proche, le dernier grand principe qui doit guider l'étudiant dans la préparation d'une dissertation d'histoire est le suivant : l'impératif de la contextualisation.

Tout sujet de dissertation fait écho à un contexte qui porte les événements décrits. Dès lors, tout en restant au plus près du sujet, il ne faut pas faire l'impasse sur la description de l'environnement historique dans lequel évoluent les acteurs des événements.

▸ ***Exemple : « Que restaure la Restauration ? »***

Ainsi, Louis XVIII et Charles X arrivent au pouvoir dans un contexte de revanche, à la fois sur la Révolution et sur Napoléon Ier. Cela est tout particulièrement vrai pour Louis XVIII, héritier putatif de Louis XVI très rapidement après la mort de ce dernier en 1793 et de celui qui aurait été Louis XVII en 1795, et qui pourtant ne prend le pouvoir qu'en avril 1814, au moment de la première abdication de Napoléon Ier. Durant les Cent Jours, Louis XVIII s'enfuit à nouveau, ce qui interrompt la Restauration (mars-juin 1815). Finalement, il conquiert définitivement son trône au mois de juillet 1815, après l'échec final de Napoléon Ier.

Cet exemple met d'ailleurs bien en lumière une dernière nécessité de l'étudiant face à une dissertation d'histoire : celle d'être précis dans les dates. Il est clair que l'on ne peut pas se contenter d'écrire que Louis XVIII est au pouvoir en 1815 en France. Vu les péripéties de cette restauration qui a du mal à s'imposer face aux derniers soubresauts de l'Empire, il faut au moins dater au mois près pour être exact dans la description de ce retour à la tête de la France.

Comment disposer d'exemples précis et suffisants pour rédiger ?

Très souvent, les étudiants peinent à illustrer leurs propos dans les dissertations. En effet, s'ils connaissent bien leurs grands repères chronologiques car ils les apprennent par cœur, ils ne parviennent pas pour autant à décrire précisément ce qui se cache derrière des dates comme « avril 1814 : première Restauration ».

Pour remédier à cela, il faut, tout au long de l'année, changer de façon d'apprendre. La seule chronologie, bien qu'essentielle, ne suffit pas. Ce qu'il faut, c'est, tout au long de l'apprentissage, repérer les éléments qui pourront faire l'objet d'exemples pour les dissertations. Ces petits récits, il faut ensuite les consigner sous forme de fiche dans un carnet spécifique – l'*exemplier* – qu'il faudra relire scrupuleusement au moment des révisions. Grâce à l'*exemplier*, qu'il soit au format papier ou numérique, la copie blanche ne devrait plus être qu'un lointain souvenir... (*cf.* « Du cours à la fiche »).

Les cinq grandes étapes de la méthode

Armé de ces grands principes, l'étudiant peut alors entreprendre de préparer une dissertation. La méthode proposée ici comprend cinq étapes et s'appuie toujours sur l'exemple du sujet « Que restaure la Restauration ? ».

Première étape : la définition des termes du sujet

Au brouillon, la toute première étape consiste en la définition des termes du sujet. Cette étape est décisive car, si elle est mal faite, l'étudiant risque de tomber dans l'écueil majeur de l'exercice : le hors-sujet. Chaque terme du sujet doit donc être minutieusement analysé et décortiqué. Cela vaut, bien sûr, pour les concepts, les dates ou les noms de personnages historiques. Mais c'est aussi valable pour les verbes ou encore les connecteurs logiques présents dans l'intitulé du sujet.

> *Exemple : « Que restaure la Restauration ? »*
>
> Il faut, ici, définir : « que », « restaure » et « la Restauration ».
> « Que » signifie que le sujet porte sur la nature et les modalités du retour au pouvoir des Bourbons.
> « Restaurer » peut être défini comme « rendre à son état d'origine, remettre en place ».
> « La Restauration » fait allusion à la période historique qui fait suite au Premier Empire. Un étudiant scrupuleux remarquera que cela englobe en fait *deux* restaurations : celle d'avril 1814 à mars 1815 dite « première Restauration » et celle de juillet 1815 à juillet 1830 dite « seconde Restauration ».

Cette étape de définition des termes du sujet est d'autant plus importante que l'on en retrouvera la trace dans l'introduction, au propre, du devoir.

Deuxième étape : le *brainstorming*

Comme souvent, la deuxième étape qui préside à l'exercice de la dissertation consiste en un *brainstorming*. Il s'agit, en un temps donné – cinq minutes semblent une bonne durée – de lister tous les éléments qui viennent à l'esprit à l'issue de la définition des termes du sujet.

> *Exemple : « Que restaure la Restauration ? »*
>
> Pour ce sujet, un *brainstorming* efficace devrait, au minimum, faire apparaître les éléments suivants :
> - Les deux acteurs principaux : Louis XVIII et Charles X ;
> - Les dates de leurs règnes respectifs : 1814/1815-1824 et 1824-1830 ;
> - Des éléments majeurs de leurs politiques respectives : l'octroi de la Charte constitutionnelle de 1814 par Louis XVIII, le rétablissement d'une forme de censure en 1830 par Charles X ;
> - Des épisodes marquants de leurs règnes respectifs : la « Chambre introuvable » et les Ultras pour le règne de Louis XVIII, par exemple.

Troisième étape : la mise en évidence d'une problématique

La troisième étape est probablement la plus difficile puisqu'il s'agit de délimiter les contours d'une problématique. La problématique est la question historique sous-jacente à l'intitulé du sujet de la dissertation.

Pour mettre en évidence la problématique historique, il est souhaitable de trouver le paradoxe qui se cache derrière le sujet proposé.

- *Exemple : « Que restaure la Restauration ? »*

  Dans ce sujet, la problématique est presque posée du simple fait de la forme interrogative de l'intitulé. En effet, théoriquement, la Restauration devrait être un retour à la monarchie absolue de droit divin telle qu'elle existait avant le surgissement de la Révolution française. Or, poser la question de savoir ce qui est réellement restauré signifie en creux que l'on n'est pas revenu à la situation antérieure à 1789.

  À cela s'ajoute le fait que lorsque Charles X, en 1830, a tenté un acte d'autorité digne de l'Ancien Régime, en cherchant à rétablir une forme de censure, ce dernier a été renversé.

  Dès lors, la problématique pourrait être la suivante : dans quelle mesure Louis XVIII et Charles X parvinrent-ils à rétablir l'institution monarchique en France et quelles furent les limites de leur action politique ?

Quatrième étape : la réflexion sur le plan

Une fois la problématique posée, l'on peut se consacrer à l'organisation du développement ; autrement dit, à construire un plan. Qu'il soit chronologique ou thématique, le plan doit être porteur de la démonstration qui permettra de répondre à la problématique. Il faudra donc veiller à sa formulation, d'autant plus qu'il doit prendre une forme rédigée dans la dissertation et non apparaître avec des titres soulignés.

- *Exemple : « Que restaure la Restauration ? »*

  Ici, les deux formules de plan – chronologique ou thématique – sont possibles. En effet, l'on peut soit montrer qu'il y a une gradation de la Restauration vers toujours plus d'absolutisme et que cela correspond au passage du règne de Louis XVIII à celui de Charles X (plan chronologique), soit montrer tout ce qui, dans la monarchie absolue, a été restauré avant de mettre en lumière les limites et les échecs de cette politique (plan thématique).

Cinquième étape : la rédaction

Ultime étape, la rédaction de la dissertation passe par quelques figures imposées.

L'introduction

L'introduction doit contenir, dans l'ordre :

- Une amorce qui capte l'attention du lecteur. Il peut s'agir d'une citation, d'une anecdote...
- Une contextualisation du sujet : que se passe-t-il au moment évoqué par l'intitulé du sujet ? Quels sont les éléments les plus marquants ?
- Une définition des termes du sujet, dans les modalités évoquées à l'étape 1.
- Une justification des bornes chronologiques et géographiques du sujet : pourquoi le sujet commence-t-il à telle date et finit-il à une autre ? Pourquoi est-il limité à telle ou telle zone géographique ? Tous ces éléments peuvent aider à faire apparaître la problématique.
- La problématique.
- L'annonce du plan.

Le développement

Le développement gagne à être clair. Pour cela, il faut retenir le principe selon lequel un paragraphe est constitué d'une idée puis d'un exemple. En outre, on soignera les transitions et tous les connecteurs qui témoignent du fait que l'on est en train d'argumenter.

La conclusion

La conclusion comprend, dans l'ordre :

- Un résumé des points essentiels de la copie, qui ne soit pas une simple redite du plan.
- La réponse à la problématique en une phrase claire et concise.
- Une ouverture du sujet vers d'autres enjeux. Il peut s'agir d'une comparaison de la situation avec d'autres pays au même moment ou bien d'une évocation de ce qui se passe juste après la fin de la période évoquée dans la copie. Attention ! Une ouverture trop éloignée du sujet dessert le propos de la copie. Par conséquent, si l'on n'a vraiment pas d'idée, il vaut mieux se passer d'ouverture plutôt que de chercher à mettre en valeur un lien artificiel avec un événement lointain du sujet.

Enfin, l'on veillera à bien se relire et à gommer toutes les fautes d'orthographe qui se seront glissées dans la copie. Cette relecture est essentielle, c'est pourquoi il faut bien veiller à garder suffisamment de temps pour la réaliser.

II. La dissertation en géographie

La dissertation (ou composition) est une argumentation qui permet de résoudre un problème posé par un sujet donné. L'introduction est alors le moment où l'on pose le problème, le développement celui où l'on démontre et la conclusion celui on l'on résout le problème.

Afin que les conseils ici prodigués soient encore plus clairs, ils seront appuyés par la construction d'une dissertation sur le sujet suivant : « **Repenser les rapports ville-campagne en France** ».

La structure globale d'une dissertation

■ L'introduction

- **Amorce**. Plusieurs types d'amorce sont possibles : citation pertinente, exemple, paradoxe, chiffre(s) significatif(s)... L'idée est d'accrocher l'attention du correcteur et de pouvoir amener le sujet. Il ne faut pas perdre trop de temps à trouver l'amorce, si vous ne trouvez pas assez rapidement, commencez par la définition des termes. Il vaut mieux ne pas faire d'amorce qu'en faire une maladroite et qui n'ait pas grand-chose à voir avec le sujet.

▸ ***Exemple : « Repenser les relations ville-campagne en France »***

Plusieurs amorces sont envisageables :

- On pourrait amorcer notre propos avec la citation des sociologues H. Marchal et J.-M. Stébé : « la terre tout entière est enveloppée de la toile de l'urbain » (2011).
  → Cette amorce permet d'introduire la dynamique d'urbanisation à échelle mondiale (contextualisation) et la remise en cause de couple conceptuel ville-campagne qui en découle, et donc la nécessité de le « repenser ». Il faudrait ensuite expliquer la position spécifique de la France par rapport à ce contexte (urbanisation ancienne...).

- On pourrait également commencer avec l'exemple du développement récent d'une « agriculture urbaine » comme à Paris, dans le XXe arrondissement sur le toit du collège Henri Matisse.
  → Cette amorce permet d'introduire les définitions des termes du sujet et le brouillage des notions traditionnelles ville-campagne (l'activité agricole, qui est une des principales caractéristiques des campagnes françaises, se retrouve au cœur même de la ville).
- Chiffres sur l'urbanisation du monde (majorité d'urbains depuis 2008) et de la France.
  → Amorce qui a le mérite d'être rapidement trouvée et qui contextualise le sujet. Mais elle manque d'originalité et vous ne vous démarquerez pas par rapport aux autres copies.

- **Définition** des termes du sujet et contextualisation.
  Les définitions des termes principaux doivent être subtilement amenées dans le corps de l'introduction. Elles doivent être très précises et faire appel, si possible, à des auteurs.

  Selon le rapport du jury de l'ENS LSH de 2013, les définitions des termes doivent prendre en compte trois dimensions : la nature du phénomène géographique, le type d'espaces concernés et la question de savoir si la localisation de ces phénomènes entraîne une différenciation de nature.

> « Il existe trois manières de définir un concept dans une dissertation de géographie.
> La première, que l'on pourrait appeler définition "en intension" ou "en compréhension" [...] qui **précise la nature d'un phénomène géographique et ses propriétés**. Par exemple, "espace frontalier" a été souvent été correctement défini dans ce cadre comme "espace qui subit l'influence de la frontière" – la nature et l'intensité de cette influence restant à préciser.
> Mais bien souvent, la deuxième forme de définition a été négligée : on pourrait la qualifier de définition "en extension" – c'est-à-dire, de **définition qui donne les types d'espaces** considérés comme frontaliers. Ces espaces sont-ils des zones ? Mais alors, quelle est leur profondeur ? Ou sont-ils des régions entières ? Ou de simples points, comme dans le cas des frontières aéroportuaires ? Il était important de garder en tête que le sujet portait sur les espaces frontaliers, et non sur les frontières *stricto sensu*.

Enfin, une troisième forme de définition, plus proprement géographique, peut être mobilisée : il s'agit d'une **définition "en localisation", qui utilise des localisations absolues comme élément de distinction** – par exemple, que les espaces frontaliers de l'Afrique sahélienne partagent-ils avec les espace frontaliers de l'Amérique du Nord ? »

Source : Rapport du jury, ENS Lyon LSH,
épreuve de géographie tronc commun, 2013
[le sujet était : Les espaces frontaliers sont-ils des espaces marginaux ?]

– Formulation de la **problématique** (en une seule question).
– Annonce du **plan** qui doit être très claire : le correcteur doit dès une première lecture rapide pouvoir dire quels sont les titres des parties qui structurent l'argumentation.

« L'annonce du plan est également un temps décisif de l'introduction : là encore, c'est le double principe de clarté et de précision qui doit présider à son écriture, quitte à devoir réduire la qualité stylistique du propos. Ainsi, des formules telles que "un premier temps sera consacré à..." ou "il s'agira ensuite de..." sont très utiles au lecteur pour comprendre la structure de la dissertation. »

Source : Rapport du jury, ENS Ulm A/L, épreuve de géographie option, 2015.

Le développement

Il doit être structuré en **deux ou trois parties** (le plan en trois parties est à privilégier en CPGE). Ces grandes parties doivent être elles-mêmes structurées par **deux ou trois sous-parties**, elles aussi structurées par des **paragraphes** (ou « sous-sous parties »).

Cette structuration interne au développement doit être indispensablement mis en lien avec la problématique posée dans l'introduction (et donc avec le sujet). Étant une démonstration, le développement doit être dynamique et cohérent. Par conséquent les **transitions** doivent être particulièrement soignées.

■ La conclusion

- Bref résumé des principales étapes de l'argumentation.
- Réponse à la problématique.
- Ouverture (élargissement du sujet à d'autres questionnements, horizons).

La conclusion ne doit pas être bâclée, donc tâchez de bien gérer votre temps (ou si vous savez que vous avez la fâcheuse tendance de finir *in extremis* : rédigez votre conclusion sur une feuille à part après avoir rédigé votre introduction et avant de commencer la rédaction du développement). La conclusion ne doit pas dépasser une page (une demi-page peut tout à fait convenir).

Quelle démarche adopter pour réussir une dissertation ?

Les quatre étapes fondamentales de la construction d'une dissertation.

■ Première étape : délimiter le sujet

Délimiter le sujet c'est prendre du recul par rapport au sujet, sans jamais l'oublier (sinon vous risquez le hors-sujet).

▸ Prendre du recul par rapport au sujet...

Il faut considérer le sujet dans la discipline qu'est la géographie, c'est-à-dire se demander à quel courant, à quel paradigme de la géographie il peut être rattaché (*cf.* « Les trois paradigmes de la géographie »). S'agit-il d'un sujet davantage orienté sur le milieu ? Sur l'analyse spatiale (organisation de l'espace) ? Sur le territoire ?

L'appréhension du sujet diffère en fonction du positionnement épistémologique que vous arrivez à décelez dans le sujet. S'il s'agit d'un sujet plutôt axé « analyse spatiale », vous aurez à privilégier une réflexion en point, surface et ligne, alors que s'il s'agit d'un sujet plutôt « territoire », il vous faudra approfondir ses notions sous-jacentes (qui seront alors les mots cachés du sujet !) d'appropriation, appartenance, identité...

Ainsi situer le sujet dans la géographie est essentiel car c'est ce qui va vous permettre de donner une profondeur épistémologique à votre dissertation.

▸ ***Exemple : « Repenser les relations ville-campagne en France »***

C'est un sujet qui appelle très clairement à une mise en perspective épistémologique : l'association ville-campagne renvoie à un cadre de pensée traditionnel, qui ne serait peut-être plus opérant en France, d'où la nécessité de repenser les relations entre ces deux espaces.

Effectivement, la distinction faite entre ces deux espaces a longtemps structuré (et structure encore) la discipline qu'est la géographie avec l'existence de deux axes de recherche relativement séparés : la géographie rurale et la géographie urbaine (plus récente).

Le paradigme à davantage solliciter est celui de l'organisation spatiale. Néanmoins ceux de milieu (deux milieux différents, question environnementale) et de territoire (représentations et identités urbaines, rurales) ne sont pas à écarter.

Il faut également cerner les limites spatiales du sujet. Si rien n'est précisé dans l'intitulé, c'est qu'il faut étudier le sujet dans le monde.

▸ ... sans jamais oublier le sujet

Il ne faut pas partir bille en tête, et bien s'assurer que l'on traite le sujet et rien que le sujet. Pour s'assurer que l'on ne l'oubliera pas en cours de route, faites en sorte de l'avoir sous les yeux pendant toute la durée de l'exercice (par exemple en l'écrivant sur un morceau de feuille que l'on place devant soi).

Pour éviter le piège du hors-sujet, une seule solution : définir tous les termes du sujet.

■ Deuxième étape : définir les termes du sujet

Tout d'abord, il faut toujours définir, même si on a l'impression de savoir : méfiez-vous des évidences ! (à noter qu'il est par conséquent préférable de bannir de votre rédaction les termes et expressions comme « évidemment », « il est évident que… »).

> « On ne répétera jamais assez à quel point il est nécessaire, pour produire un devoir de qualité, de faire une analyse approfondie des termes du sujet, même – surtout – s'ils paraissent familiers. »
>
> Source : Rapport du jury, ENS Lyon LSH,
> épreuve de géographie tronc commun, 2013.

Ensuite, définir, ce n'est pas donner des synonymes ou définir par la négative : il faut être le plus précis possible, et essayez de faire référence aux auteurs principaux associés à ces notions. Il faut véritablement qu'au cours de l'année vous ayez le réflexe de vous constituer un répertoire de notions (*cf.* « Du cours à la fiche ») qui vous permettront d'être efficace dans cette phase essentielle de la construction d'une dissertation.

▸ ***Exemple : « Repenser les relations ville-campagne en France »***

Si l'on se contente ici de définir la ville comme l'espace qui n'est pas la campagne, et vice-versa, on ne s'en sort pas. S'il peut être intéressant ici de souligner que le rapport ville-campagne semble se construire en miroir, il faut néanmoins fournir une définition plus complète. Ainsi on pourrait définir la ville comme un espace de concentration des hommes, des activités et du bâti qui se caractérise par l'association de la densité et de la diversité (J. Lévy, 2003). La campagne peut être alors à son tour définie comme un espace de faibles densités, caractérisé par un paysage plus végétal (mais pas forcément plus naturel !) et par la prédominance de la fonction agricole (R. Chapuis, 1998).

Assurez-vous également de définir TOUS les termes du sujet y compris les plus insignifiants : que signifie le « et » dans un sujet ? le « ou » ? etc. De même, prêtez attention à l'usage du singulier et du pluriel, aux signes de ponctuation, bref à toutes ces petites choses qui paraissent bien innocentes et qui en fait ne le sont pas ! Cette analyse détaillée doit être réalisée au brouillon mais ne doit pas apparaître telle quelle dans l'introduction. Dans la rédaction de cette dernière vous ne devez définir, subtilement, que les termes clés du sujet.

▸ ***Exemple : « Repenser les relations ville-campagne en France »***

Dans ce cas précis, deux éléments « insignifiants » sont à prendre en compte car ils nous orientent pour la problématisation :

- « Les relations » : l'usage du pluriel nous indique qu'il faudra veiller à bien mettre en évidence dans notre argumentation la pluralité des relations qu'entretiennent ces espaces ;
- « Ville-campagne » : l'usage du singulier et le fait d'avoir ainsi relié formellement les deux notions nous laisse à penser qu'il nous faudra montrer que l'association de ces deux espaces a un statut de modèle, de cadre de pensée structurant (à mettre en lien avec « repenser »).

Enfin, essayez de trouver et définir les « mots cachés », c'est-à-dire ces notions qui ne sont pas explicites mais qui pourtant donnent sens au sujet et qui sont attendues par le correcteur. Vous trouverez d'autant plus facilement les « mots cachés » quand vous aurez fait l'effort de positionner le sujet dans le champ de la géographie et que vous aurez déjà défini tous les termes explicites. Les « mots cachés » vous aideront à trouver la problématique.

▶ ***Exemple : « Repenser les relations ville-campagne en France »***

Le verbe « repenser » amène à envisager le fait qu'il y a des bouleversements, des recompositions des espaces à étudier. Les mutations récentes en lien avec la ville et la campagne sont l'urbanisation du monde (majorité d'urbains sur terre depuis 2008).

Ici les « mots cachés » sont donc l'urbanisation en lien avec la mondialisation (puisque que celle-ci se traduit spatialement par la diffusion de la ville et en particulier des très grandes villes) et son corollaire : la périurbanisation. La périurbanisation est l'étalement spatial de la ville sur ses marges, créant un « tiers-espace » (M. Vanier, 2000). Le périurbain est une interface paysagère et fonctionnelle où se mélangent des dispositions de la ville et des dispositions de la campagne → mutation qui amène à repenser la dichotomie ville-campagne.

■ Troisième étape : problématiser

La problématique est un questionnement issu du sujet mais qui n'est pas sa simple reformulation en question. C'est la mise en lumière de la spécificité du sujet et le fil rouge de votre dissertation.

Sur le plan de la formulation, la problématique doit être **une** (pas deux !) question complexe (ce qui ne veut pas dire confuse !). De préférence, il vaut mieux la commencer par « En quoi », « Dans quelle mesure » ou encore « Le problème soulevé par le sujet est... ».

Quelques questions à se poser pour trouver la problématique :

- Quel est l'intérêt du sujet ?
- Quel est l'intérêt du sujet par rapport au champ disciplinaire de la géographie ?
- Pourquoi a-t-on utilisé ce mot et pas un autre ?
- Quels sont les « mots cachés » du sujet ?
- Peut-on déceler un paradoxe dans le sujet ?

- ***Exemple : « Repenser les relations ville-campagne en France »***

  Problématique : En quoi le cadre de pensée établissant une différence de nature entre ville et campagne est-il remis en cause par les mutations induites par l'étalement des villes françaises ?

Quatrième étape : construire le plan

Le plan doit être issu de la problématique ! Chaque partie est une étape du raisonnement. Il n'y pas un seul plan pour un sujet mais plusieurs possibilités.

> « Comme chaque année, aucun plan n'était attendu ou sanctionné *a priori.* »
>
> Source : Rapport du jury, ENS Ulm A/L, épreuve de géographie option, 2014.

Au moment de la construction du plan au brouillon, faites-le tenir **sur une seule page**, cela vous permettra d'avoir une vue d'ensemble et de s'assurer de sa cohérence et d'éviter les répétitions. Vous pouvez le faire soit sous la forme d'une liste hiérarchisée, soit sous la forme d'un tableau à trois colonnes correspondantes aux grandes parties.

Il faut avoir des **titres** pour chaque partie pour bien saisir l'idée, même si au moment de rédiger ils ne seront pas apparents. Il ne faut cependant pas hésiter à passer du temps à travailler les titres pour qu'ils soient percutants, puisque vous les utiliserez au moment de l'annonce du plan en fin d'introduction. Chaque titre doit être unique et relié au sujet (on doit **retrouver l'ensemble des mots clés du sujet dans chaque titre des grandes parties**). Ainsi pour le sujet « Repenser les relations ville-campagne en France », vous ne pouvez pas faire un plan du type :

I. Les villes en France

II. Les campagnes en France

III. Les effets de l'urbanisation sur les campagnes

→ NON ! Vous ne devez pas déconnecter les termes clés du sujet car alors votre argumentation manquera grandement de relief et de problématisation.

Enfin, le plan choisi doit être équilibré et articulé avec des transitions entre les grandes parties. Pour bien réaliser ces **transitions** (qu'il faut, dès le brouillon, insérer dans son plan détaillé), il faut montrer les limites de la partie qui vient de s'achever pour introduire une nouvelle étape de l'argumentation. En géographie ce qui fonctionne souvent (mais pas systématiquement !) pour les transitions, c'est l'articulation des échelles, plus ou moins suivant cette dynamique : « Nous venons de constater ce processus à cette échelle mais... à cette autre échelle, le processus n'a pas les mêmes effets spatiaux... ».

Quelques modèles de plan de dissertation en géographie

- Plan inductif
  I. Formes (description)
  II. Facteurs (explication)
  III. Enjeux (bilan) ou typologie (régionalisation, *i.e.* la mise en évidence des sous-ensembles régionaux)
- Plan par échelles
  De la petite échelle à la grande échelle
- Plan de géographie régionale
  I. Éléments d'unité régionale
  II. Caractères de diversité régionale
  III. Typologie (régionalisation, *i.e.* la mise en évidence des sous-ensembles régionaux)
- **Plans à ne jamais faire en géographie**
  – Plan chronologique
  – Plan tiroirs, c'est-à-dire une juxtaposition de thèmes sans cohérence entre eux

---

▸ *Exemple : « **Repenser les relations ville-campagne en France** »*

Plan :

I. **Villes et campagnes, deux réalités géographiques distinctes**

A. Des fonctions différenciées et héritées

1) Les campagne comme ressource (fonction agricole)
2) Les villes comme pôles organisateurs de l'espace
3) Un couple analytique structurant et hérité

B. La domination des villes sur les campagnes

1) Les campagnes au service des villes (nourrir les villes et fournir de la main-d'œuvre avec l'exode rural)
2) Les villes, des espaces attractifs à différentes échelles (métropolisation)
3) La fin des campagnes, des paysans ?

C. Paysage de ville, paysage de campagne
1) Malgré les bouleversements, des paysages spécifiques liés aux degrés de densité
2) Les frontières paysagères des villes : entre visibilité (*cf.* numéro du *Télérama* intitulé « Halte à la France moche » de février 2010) et dilution
3) Plus que des paysages, des représentations (urbanité/ruralité)

II. Penser la non-ville et la non-campagne (F. Choay, 1994) : l'avènement du périurbain

A. Le périurbain, fruit de l'étalement des villes et du mitage des campagnes
1) L'étalement des villes
2) Facteurs : propriété individuelle privée favorisée, contrainte du coût du foncier, diffusion de l'automobile
3) Des campagnes mitées

B. De la dichotomie ville/campagne au périurbain comme « tiers-espace » (M. Vanier, 2000)
1) Un paysage hybride
2) Les fonctions du périurbain : du résidentiel au productif
3) Une redynamisation des espaces périphériques (formation de centralités secondaires)

C. Le tout urbain ? (J. Lévy, 2003)
1) La prégnance du mode de vie urbain
2) Des campagnes-décor : la fonction récréative
3) Cependant, le rural est encore bien vivant bien que différent (fonction productive + agriculture, aménageuse d'espaces)

III. Des rapports villes-campagnes bouleversés : de multiples enjeux

A. Une gouvernance urbaine complexe
1) Le choix du maillage de la ville étalée
2) Multiplication des acteurs
3) Conflits d'usage

B. Le périurbain, espace de l'entre-soi ? Le péril de la fragmentation
1) L'entre-soi choisi : *gated communities*, vote protestataire
2) L'entre-soi subi : des « périurbains captifs » (L. Rougé, 2006)
3) Et en même temps : l'espace de la multi-appartenance et de la mobilité

C. L'étalement de la ville sur ses marges : quelle durabilité ?
1) La domination de la métrique automobile et conséquences
2) L'extension des réseaux : le prix à payer de l'étalement
3) Redéfinir le couple ville/campagne à l'aune de la « ville verte »

Quelle forme doit avoir ma copie ?

- Il faut veiller à la clarté de l'écriture.
- Attention aux ratures et aux abus de correcteur blanc.
- Il faut aérer sa copie, c'est-à-dire sauter des lignes si vous écrivez sur des feuilles à petits carreaux, sauter des lignes entre grandes parties, mettre des alinéas, mettre en évidence les transitions. Soyez le plus clair possible pour que le correcteur sache à tout moment où il en est de votre argumentation.

  Voici un exemple :

  .... ***Introduction*** ....

  ....

  Saut de 3-4 lignes

  .... *I.A.* ....

  ....

  .... *I.B.* ....

  ....

  .... *I.C.* ....

  ....

  Saut de 1 ligne

  .... ***Transition*** ....

  ....

  Saut de 2-3 lignes avec éventuellement un figuré d'étoile (cf. infra)

  *

  * *

  Répétition du même code formel pour la deuxième et troisième partie (qui, elle, n'a pas de transition), puis :

  Saut de 3-4 lignes

  .... ***Conclusion*** ....

  ....

➠ Attention, le plan ne doit pas être apparent :

« On a recensé moins de copies avec plan apparent, ce qui a permis de lire, de fait, des copies mieux construites et mieux structurées, qui soignaient les transitions entre les parties et sous-parties. »

Source : Rapport du jury, ENS Ulm A/L, épreuve de géographie option, 2014.

→ En bref, la qualité formelle de votre copie doit apaiser le correcteur et ne pas lui donner envie de s'enfuir en courant ! (Mettez-vous toujours dans la peau du correcteur, cela vous permettra de faire moins d'erreurs).

Points importants à avoir en tête et erreurs à ne pas commettre

■ La spatialisation du propos

Elle est indispensable en géographie. Pour bien ancrer son propos dans la réalité spatiale, il faut se poser invariablement quelques questions :

- Où ?
- Pourquoi est-ce là ?
- Pourquoi est-ce là plutôt qu'ailleurs ?
- À quelle échelle ?

La spatialisation de l'argumentation se fait également par le recours à des exemples (*cf. infra*) et à des productions graphiques (*cf. infra*).

■ Les exemples

Une copie de géographie ne peut pas être désincarnée. La géographie est la science de l'espace (*cf.* « La géographie, cette inconnue »), il faut que cela soit perceptible dans votre copie ! Donnez de la matière, c'est-à-dire des exemples, à votre propos.

« Un déficit de contenu empirique est systématiquement et lourdement pénalisé. »

Source : Rapport du jury, ENS Ulm A/L, épreuve de géographie option, 2015.

Ces exemples doivent être précis, développés et variés. D'où l'importance de vous constituer un « exemplier » pour vos révisions (*cf.* « Du cours à la fiche »). Certains exemples, que vous choisirez, doivent être appuyés par une **production graphique**.

Attention, si les exemples font partie intégrante d'une argumentation géographique, un exemple ne peut constituer une partie !

Les productions graphiques : comment les réaliser ?

Croquis ? Schéma ?

- **Un croquis** représente une situation géographique sur un territoire aux contours nets. Le fond de carte est en général fourni.
- **Un schéma** est une représentation qui ne rend compte que des éléments essentiels de l'organisation spatiale. Les contours de l'espace étudié sont simplifiés. C'est pour cela que pour un schéma il n'y a ni échelle, ni fond de carte.

Le passage du croquis au schéma : l'exemple de la région Île-de-France

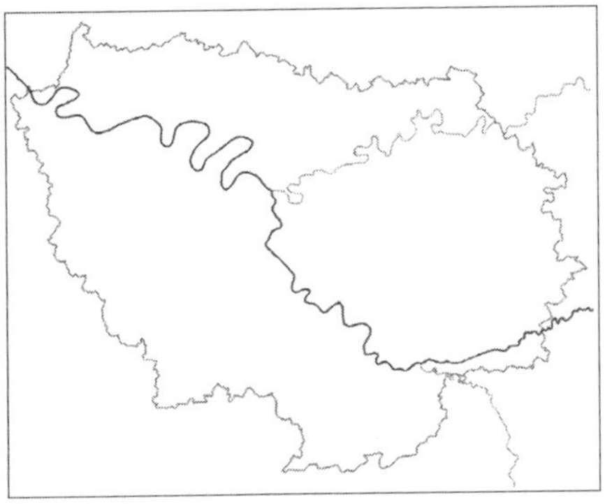

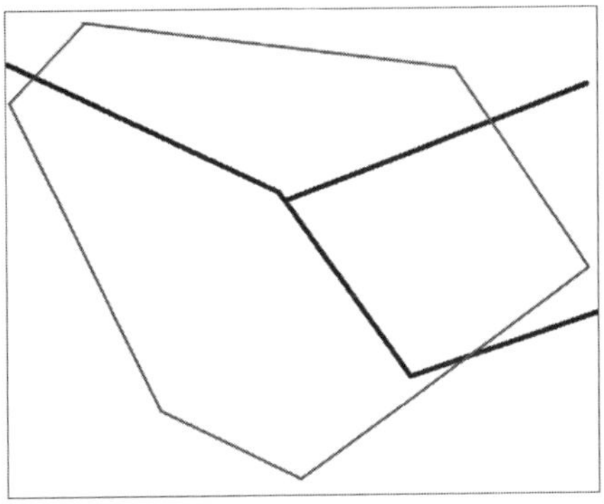

Avoir le bon matériel

- Crayon à papier ;
- Gomme ;
- Crayons de couleur (au minimum : bleu, jaune, marron, noir, rouge, vert, violet) ;
- Stylos à encre à pointe fine (noir et bleu) pour la nomenclature (*i.e.* les noms de pays, de villes, de cours d'eau etc.) et pour tracer les lignes et les flèches ;
- Quelques feutres fins pour les lignes plus épaisses ;
- Une règle ;
- Éventuellement un normographe (règle avec des fentes aux formes de figurés cartographiques).

▸ **Les « habits de la carte » (R. Brunet, 1987)**

Toute carte (ou croquis ou schéma) doit absolument comprendre les éléments suivants :

- **Titre** : il doit être relié au sujet et doit donc comporter les termes clés de celui-ci.
- **Légende** : celle-ci doit être réalisée en premier. Elle doit être traitée comme un élément de démonstration à part entière et doit donc être mise en relation avec le sujet (problématisée) et structurée (deux ou trois parties).

Attention ! La légende ne doit jamais être au dos de la production graphique.

> « L'idéal est une légende tenant en une seule page, donnant au correcteur une vue d'ensemble et montrant les capacités du candidat à « tenir » ce format de légende. »
>
> Source : Rapport du jury, ENS Lyon LSH, épreuve de géographie tronc commun, 2013.

- **Échelle** : seulement pour les cartes et croquis.

> « Cette année, de trop nombreux croquis ne comportaient pas d'échelle. Nous avons conscience de la difficulté de porter une échelle précise sur les copies mais **l'indication au moins d'un ordre de grandeur** est indispensable pour montrer l'ancrage et l'ampleur du phénomène que l'on représente. »
>
> Source : Rapport du jury, ENS Ulm A/L, épreuve de géographie option, 2015.

- **Orientation**
- **Nomenclature** : localisation des noms de pays, de villes, de cours d'eau.
- **Source**

▸ **Faire des choix**

Votre production graphique doit être simple et claire, or pour cela vous devez faire des choix car il est impossible de tout représenter sous peine d'être illisible.

▸ **Choisir un mode de représentation**

Chaque fois que vous devez représenter un phénomène, vous devez vous demander : est-ce un point ? Une ligne ? Une zone ?

Pour représenter un **point**	*Exemples* : ville, port, lieu touristique, pôle industriel...	Figuré ponctuel 
Pour représenter une **ligne**	*Exemples* : axe de communication, cours d'eau, flux, interface, limite climatique...	Figuré linéaire 
Pour représenter une **zone/surface**	*Exemples* : région agricole, région industrielle, densité de population...	Figuré de surface 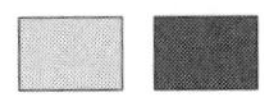

▶ Utiliser les couleurs avec pertinence

Les couleurs ont un sens qu'il vous faut connaître pour ne pas faire de « fautes » graphiques. Voici les principales correspondances :

- Bleu : cours d'eau, zones irriguées, climat froid.
- Jaune : cultures agricoles (céréales par exemple), régions de densités moyennes ou faibles, climat aride, désert.
- Marron : montagnes, élevage.
- Noir : industrie, zones en déclin, voies de chemins de fer.
- Rouge : axes de circulation, villes, région de forte densité de population.
- Vert : végétation, plaines et plateaux, zones naturelles protégées.
- Violet : vigne, zones d'hydrocarbures, activités très intenses.

▶ Soigner la production graphique

Attention à la qualité des tracés, du coloriage, et faites attention à ne jamais utiliser le mauvais matériel pour le coloriage comme les surligneurs ou les stylos à bille. Évitez également de faire des productions graphiques trop petites (halte aux croquis timbres-poste !).

« Utiliser des crayons pour les aplats de couleur et des feutres fins pour les figurés linéaires et ponctuels. **Bannir feutres fluo** et traits épais. **Colorier les surfaces** en évitant les gros coups et traits de crayon, en procédant par **petits mouvements circulaires**. Utiliser la règle, soigner les flèches et le tracé des figurés ponctuels. Écrire droit, en évitant les ratures. Ne pas laisser la carte vide d'indications de toponymie. Ne pas non plus se sentir obligé d'indiquer tous les noms de lieux ou de pays représentés, qui contribuent à surcharger la carte ou la rendre illisible. **Seules les informations jugées les plus importantes doivent se retrouver** : si un pays est colorié et pas les voisins, on peut s'attendre à voir son nom indiqué, surtout s'il fait l'objet d'un développement dans le devoir. En cas de manque de place (en Europe, au Proche-Orient...), ne pas hésiter à utiliser des lettres et numéros que l'on reporte dans la partie inférieure de la carte ou à la suite de la légende. »

Source : Rapport du jury, ENS Lyon LSH, épreuve de géographie tronc commun, 2013.

▸ Intégrer la production graphique à l'argumentation

Dans l'idéal, il faut une production graphique par partie. Elles peuvent être insérées dans le corps du développement « au fil de la lecture » ou en annexe. L'intérêt de la première option est que cela force à davantage relier la production graphique à l'argumentation.

« Il apparaît que les croquis placés dans la copie sont souvent mieux intégrés au propos de la dissertation que ceux relégués en annexes. »

Source : Rapport du jury, ENS Ulm A/L, épreuve de géographie option, 2015.

La deuxième option (en annexe) permet de réaliser les croquis en une seule fois après la rédaction de l'introduction et donc de mieux gérer son temps. Par contre il ne faut pas oublier d'exploiter ces productions graphiques dans le corps du développement et de bien les référencer.

« Si les croquis sont présentés à part, des indications précises doivent permettre au jury de s'y référer rapidement (titre, numéro de page, numéro de la figure citée). Les références à la carte de synthèse, lorsqu'elle est présente, doivent être explicites dans le texte. De même, toute la légende doit figurer sur une seule page et doit être lisible en même temps que le schéma, le croquis ou la carte de synthèse. »

Source : Rapport du jury, ENS Ulm A/L, épreuve de géographie option, 2015.

Voici quelques fonds de carte pour vos productions graphiques :

– Pour des schémas sur la France

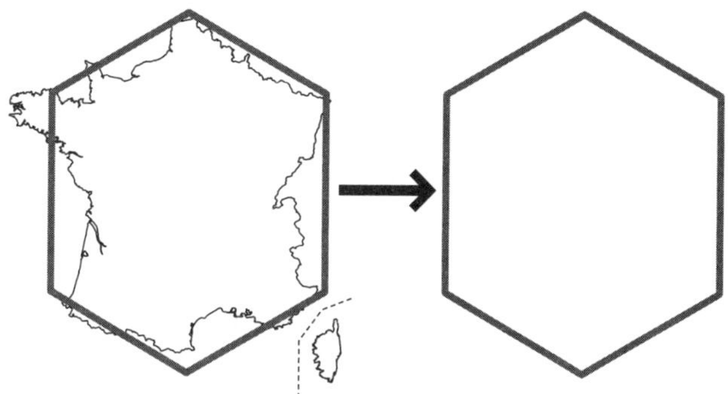

– Pour des schémas sur l'Europe

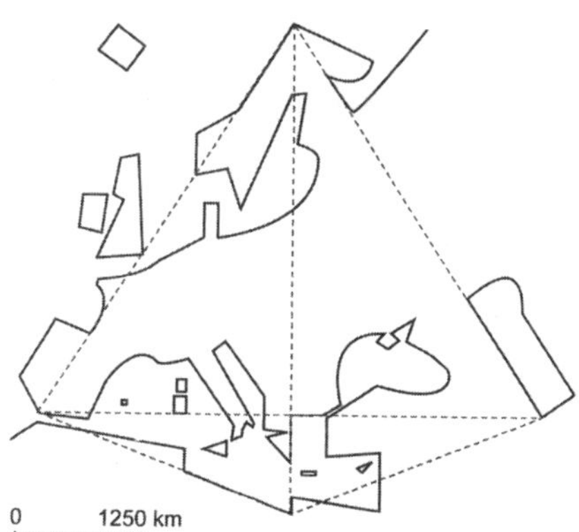

– Pour des schémas sur le monde

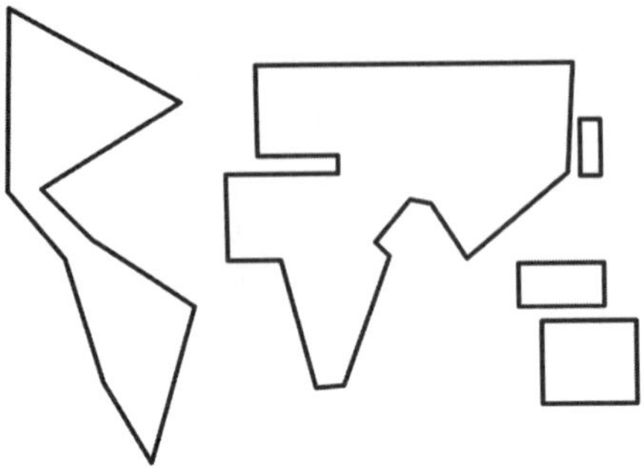

▶ *Exemple de schéma (Repenser les relations ville-campagne en France)*

Le périurbain toulousain : des relations ville-campagne bouleversées

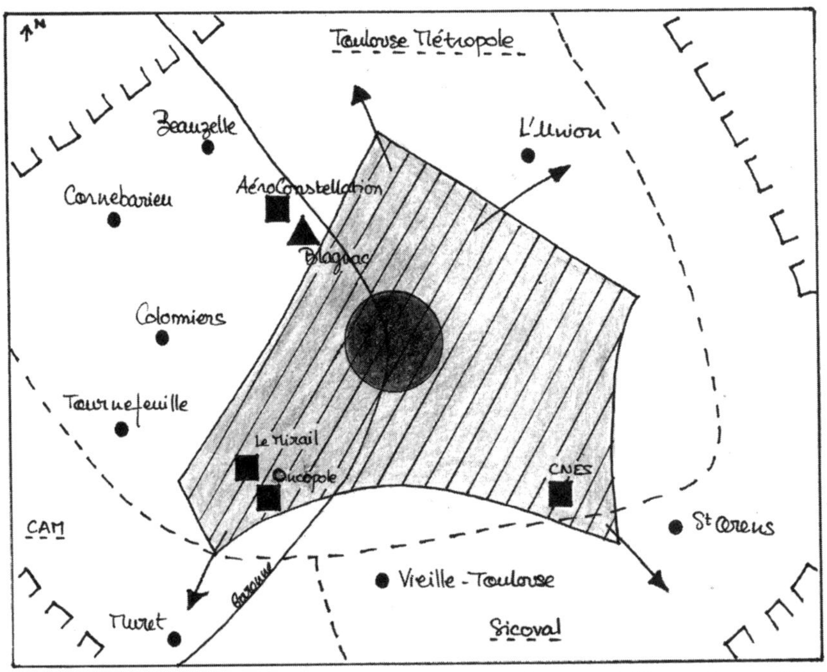

Sources : carte IGN 1:25000 (2006 ; 2010) ; M. Fabriès-Verfaillie, P. Stragiotti (2000), Ph. Estèbe (2004) ; L. Rougé (2005).

CAM : Communauté d'agglomération du Muretain

CNES : Centre National d'Etudes Spatiales

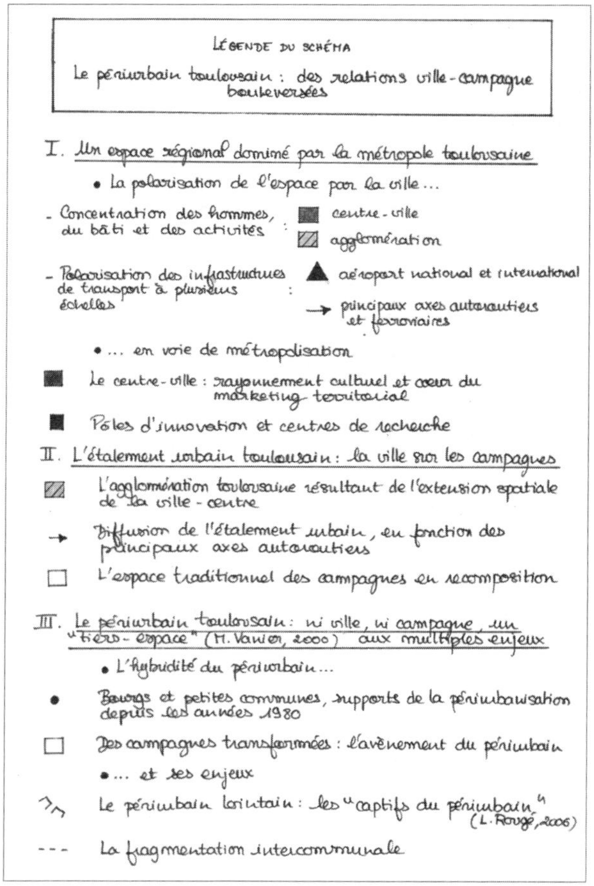

Les acteurs

Les acteurs sont essentiels pour comprendre les dynamiques et processus en jeu dans les espaces étudiés. Par conséquent, vous ne devez pas les négliger, mais bien les identifier et prendre en compte leur diversité (les États ne sont pas les seuls acteurs, loin s'en faut !).

En outre, n'oubliez pas que les espaces ne sont pas des acteurs donc ne les personnifiez pas. Une phrase du type : « les espaces urbains ont pris conscience des enjeux environnementaux » n'est pas possible, il faudrait plutôt écrire : « les différentes collectivités locales qui gèrent les espaces urbains (de la commune à la région, en passant par l'intercommunalité), ont pris conscience des enjeux environnementaux ».

La typologie

Une typologie est une régionalisation, c'est-à-dire une mise en évidence des sous-ensembles régionaux de l'espace étudié. Elle se fait en troisième et dernière partie de votre argumentation. Il s'agit ainsi de regrouper des espaces et territoires, par grands types, en fonction de critères précis que vous devez définir et préciser en début de typologie. Pour chaque type défini (selon les critères), il faut mettre en valeur la singularité de l'organisation spatiale et de son fonctionnement (par rapport aux autres types). Les critères pour un sujet sur les espaces urbains français pourraient ainsi être : la densité de population, les caractéristiques sociologiques, les dynamiques migratoires et les types d'activités.

La typologie a longtemps été un attendu de la dissertation en géographie, mais ce n'est plus le cas. Si vous sentez que vous ne maîtrisez pas l'exercice, il vaut mieux vous orienter vers une autre possibilité de troisième partie. Car lorsque la typologie n'est pas bien menée, on aboutit souvent à une troisième partie trop courte et donc à une argumentation déséquilibrée, et à une typologie qui n'en est plus vraiment une mais une liste d'exemples.

> « Rappelons qu'une typologie n'est pas un simple passage en revue de régions différentes. Trop de copies annoncent une typologie en troisième partie mais se contentent de brosser, souvent rapidement et de manière superficielle, le « portrait » de quelques espaces [...] ou de juxtaposer deux à quatre exemples localisés. Le jury invite les candidats à construire soigneusement les typologies à partir de critères clairement exposés. [...] Les catégories ainsi proposées doivent enfin s'appuyer sur des exemples localisés et développés. »
>
> Source : Rapport du jury, ENS Ulm A/L, épreuve de géographie option, 2015.

Quelle posture adopter ?

Veillez à vous exprimer en tant que géographe, c'est-à-dire comme membre d'une communauté scientifique où la neutralité est de mise, et non comme acteur subjectif. Vous devez donc bannir tout avis personnel de votre dissertation et éviter les préconisations sur ce qu'il faudrait faire selon vous pour que le monde aille mieux.

Il convient de garder ce conseil à l'esprit, car les sujets de géographie sociale, en lien avec des thématiques comme la pauvreté ou les migrations, amènent beaucoup de candidats à se tromper sur la posture à adopter.

C'est d'ailleurs pour ces raisons que vous devez faire attention au style : privilégiez l'usage du pronom personnel « nous » et n'utilisez jamais le pronom personnel « je ».

Quelle est la place de l'histoire dans une copie de géographie ?

Une argumentation géographique n'est pas dénuée de profondeur historique mais celle-ci ne doit apparaître que sous la forme de contextualisation ou de mise en évidence des héritages. Surtout ne faites jamais de plan chronologique en géographie ni de longs développements historiques qui ne feront qu'agacer votre correcteur. L'histoire doit apparaître par touches et toujours en lien avec les phénomènes géographiques présents.

Comment faire une bonne ouverture ?

La conclusion doit se terminer par une ouverture, c'est-à-dire un élargissement de votre argumentation à d'autres champs. Cette fenêtre doit s'ouvrir sur un thème différent mais connecté au sujet. Il faut à tout prix éviter de plaquer un thème qui n'ait pas grand-chose à voir avec le sujet que vous venez de traiter ou d'évoquer un thème qui faisait en réalité partie du sujet et que vous avez oublié de traiter au cours de la dissertation, soulignant ainsi les carences de votre argumentation.

Si l'ouverture est importante, sachez toutefois qu'il vaut mieux une bonne conclusion sans ouverture, qu'une bonne conclusion avec une ouverture maladroite. Car ne l'oublions pas, l'ouverture est le dernier élément lu par votre correcteur.

▸ ***Exemple : « Repenser les relations ville-campagne en France »***

Ouverture :
La mondialisation bouleverse les catégories analytiques traditionnelles comme le couple ville-campagne mais aussi comme celle d'État-nation.

Comment savoir si ma dissertation tient la route ?

Pour savoir si on est en train de rédiger une bonne dissertation ou pas, il faut se mettre dans la peau d'un lecteur qui ne connaîtrait rien *a priori* sur le sujet. Avoir cela à l'esprit oblige à être clair (on bannit les sous-entendus, tout doit être explicite).

Voici, ci-après, une grille d'évaluation qui vous permettra de savoir si votre dissertation est réussie.

Évaluation – Dissertation

- **Titre du devoir :**

Capacités à maîtriser	Acquis	En cours d'acquisition	Non acquis
Rédiger une argumentation géographique problématisée et structurée.			
L'introduction présente le sujet : – Amorce, explication du contexte et définition des termes clés.			
La problématique est adaptée au sujet : – Mise en évidence d'une question soulevée par le sujet qui ne soit pas une simple reformulation de celui-ci sous forme de question. – Annoncée en introduction après la présentation du sujet.			
Le plan répond à la problématique et est cohérent : – Chaque partie est une étape dans la démonstration. – Équilibre des parties. Qualité des transitions. – Annoncé en fin d'introduction de manière claire.			
Les connaissances clés et les notions clés sont maîtrisées : – Pas d'oubli majeur ou de hors sujet.			
La conclusion apporte une réponse au sujet et une ouverture : – Elle résout la question posée par le sujet et élargit à d'autres thèmes.			
Qualité des exemples et des schémas : – Des exemples précis présentés en quelques phrases et des schémas intégrés au développement servent de support à l'argumentation.			
Développer son expression personnelle.			
Qualité du vocabulaire : – Un vocabulaire spécifique à la géographie est utilisé.			
Orthographe et syntaxe : – Pas ou peu de fautes. Les phrases sont clairement construites.			
Fluidité de l'expression : – Variété des connecteurs logiques, qualité du style, ponctuation.			
Qualités formelles de la copie : – Le texte est clair dans sa présentation. Écriture soignée.			

CHAPITRE 2.
Le commentaire de document(s)

Le commentaire de document(s) en histoire comme en géographie est généralement l'exercice qui déroute le plus les étudiants. Contrairement à la dissertation qui repose exclusivement sur les connaissances personnelles de l'étudiant, le commentaire de document(s) met ce dernier aux prises avec des contenus en lien avec ses connaissances mais qui les approfondissent. Ainsi, la dissertation donne la plupart du temps le sentiment aux étudiants qu'ils peuvent s'en sortir grâce à des connaissances générales autour desquelles l'on peut « broder » – c'est une erreur d'appréciation cela dit ! Mais le commentaire, lui, est beaucoup plus tranchant car le sujet est très précis et les connaissances à mobiliser pour le réaliser sont nécessairement fines et ciblées. En clair, on ne peut pas réussir un commentaire de document(s) avec simplement des généralités.

I. Le commentaire de document(s) en histoire

La complexité de l'exercice est renforcée en histoire par un élément propre à cette discipline : le commentaire de document(s) constitue en effet le cœur de métier de l'historien dont la méthode repose sur la lecture et la critique des sources. Ainsi, l'étudiant, pour réussir le commentaire idéal, devrait pouvoir se hisser au rang de l'historien professionnel. Dès lors, comment réussir le commentaire de document(s) en histoire ?

Un exercice d'explication de la source

L'explication de la source : le principe du commentaire de document(s)

Le commentaire de document(s), on l'a vu, constitue le cœur de métier de l'historien. Ce dernier cherche à donner à voir le passé et à l'interpréter. Pour ce faire, il consulte des sources dites primaires, c'est-à-dire produites à l'époque des faits observés par les acteurs mêmes de ces faits. La seule lecture de ces sources ne permet pas, pour autant, de reconstituer le passé. En effet, la source est, très souvent, pétrie d'allusions, de références, d'autant d'éléments qui ne parlent pas d'eux-mêmes au lecteur et que l'historien a pour mission d'élucider et d'expliciter.

C'est là le principe même du commentaire de document(s) qui est demandé aux étudiants à partir de la première année... et jusqu'à la fin de leur scolarité ! Il s'agit d'expliquer un document donné à travers son contexte, la biographie de son auteur, les événements décrits ou encore les allusions qui parsèment l'ensemble du document. Cela suppose, de la part de l'étudiant, de repérer toutes les allusions et références du document et d'être capable de les décrypter, cela afin de rendre le document intelligible à un lecteur ayant une connaissance moyenne de l'histoire. Cette posture intellectuelle – considérer que l'on écrit pour ce que l'on appelle « l'honnête homme » et non pour un spécialiste – est fondamentale. En effet, si l'étudiant a en tête d'écrire pour ses enseignants d'histoire, il sera tenté à son tour d'être allusif – car les enseignants connaissent bien les faits décrits dans le document – et donc ne permettra pas une meilleure compréhension du document. Or, c'est bien le but de l'exercice !

Les erreurs à ne pas commettre

Une fois cela posé, il convient de se prémunir de deux graves écueils qui guettent les étudiants pratiquant le commentaire de document : la paraphrase et la dissertation.

La paraphrase consiste à reformuler les idées du document avec ses propres mots et, parfois, à les reprendre à son compte. Par exemple, si le document à commenter est un texte dans lequel il est écrit : « Je suis opposé à l'adoption de la nouvelle Constitution car elle viole les libertés fondamentales », une paraphrase reviendrait à écrire : « La nouvelle Constitution ne doit pas être adoptée car elle ne garantit par les libertés fondamentales » (les idées sont reprises à son compte par l'étudiant) ou bien « L'auteur dit qu'il conteste la nouvelle Constitution car, d'après lui, elle ne respecte pas les libertés fondamentales » (ici, l'étudiant ne reprend pas l'idée à son compte). Ainsi, dans les deux cas, l'opposition de l'auteur du texte à « la nouvelle Constitution » n'est pas explicitée : pourquoi l'auteur s'oppose-t-il à cette Constitution ? Que prévoit-elle ? Garantit-elle les libertés fondamentales ? Si oui, pourquoi l'auteur affirme-t-il le contraire ? Sinon, en quoi est-ce le cas ? Toutes ces questions, l'étudiant doit se les poser et y répondre en apportant des **connaissances extérieures** au document. Sans connaissances extérieures à celles contenues dans le document, l'étudiant n'a aucune chance de sortir de la paraphrase. Or, c'est une faute grave eu égard à la nature de l'exercice.

L'autre écueil, la dissertation, est le symétrique exact de la paraphrase. La dissertation, dans ce cas, correspond au développement argumenté, souvent très solide, d'un propos sur un sujet proche du document à commenter mais qui ne se sert de ce dernier que comme un exemple pour illustrer le propos général de la copie. Dans cette optique, le document à commenter est relégué au rang d'un exemple parmi d'autres et n'est plus le centre de la copie. Dès lors, si le document à commenter est une déclaration de Napoléon Ier sur le Concordat, l'écueil de la dissertation reviendrait à écrire une copie sur le sujet « Le Premier Empire et la religion catholique » et à se servir de la déclaration de Napoléon Ier comme d'un exemple éclairant le propos. Or, en dépit des qualités du propos – certaines « dissertations-au-lieu-d'un-commentaire » sont vraiment excellentes ! – il n'en reste pas moins que la copie ne peut obtenir la moyenne car elle n'obéit pas à la consigne qui consiste à expliquer le document. Pour résumer, là où la paraphrase ne prend pas assez de distance à l'égard du document, la dissertation, elle, s'en éloigne trop.

Enfin, outre ces deux écueils totalement pénalisants, il existe d'autres erreurs qui peuvent avoir des conséquences plus ou moins graves pour le commentaire de document, selon leur degré d'intensité. Il s'agit notamment du contresens qui consiste à tenter d'expliquer une référence du document mais à se tromper dans l'explication donnée. Autre erreur, la surinterprétation signifie que l'étudiant accorde une importance disproportionnée à tel ou tel point de son explication voire à une idée du document qui est anecdotique sous la plume de son auteur mais que l'étudiant analyse comme un élément fondamental. Enfin, il faut bien sûr se garder de verser dans la téléologie et dans l'anachronisme.

Les différents types de documents

Avant même d'entrer dans la typologie des documents qui sont proposés en commentaire, il peut être utile de connaître les critères qui président au choix des documents par les enseignants. En effet, le commentaire de document(s) est un exercice qui doit permettre à l'enseignant d'évaluer le niveau de connaissances historiques de ses étudiants. Dès lors, le choix porte sur des documents présentant une série de qualités à même de faire émerger lesdites connaissances. En premier lieu, les documents ont généralement des dimensions raisonnables : une à deux pages dans le cas d'un texte ; une quinzaine, au plus, d'entrées pour une série statistique. Parallèlement, le document doit être suffisamment dense pour donner des prises aux étudiants. Ainsi, il contient beaucoup d'allusions à expliciter. Surtout, le document doit être révélateur d'un problème historique. Il témoigne des dynamiques et des interrogations propres à une époque. Par exemple, la lettre d'un poilu de la Première Guerre mondiale à son épouse permet de saisir au moins deux problèmes historiques majeurs : les conditions de vie au front et les rapports entre le front et l'arrière.

À partir de ces quelques critères, l'éventail des possibilités est immense quant à la nature des documents. Il existe quatre grandes familles de documents en histoire : les documents textuels, les documents iconographiques, les documents statistiques et les documents audiovisuels. Les documents audiovisuels – qui ne concernent naturellement que l'histoire contemporaine – sont rarement soumis aux étudiants lors des examens pour des raisons pratiques (ou alors il s'agit de transcriptions donc de documents textuels).

Les documents textuels recouvrent une large gamme : les mémoires, les journaux intimes, les lettres, les articles de presse, les discours, les communiqués, les télégrammes, les déclarations et actes de fin de sommets internationaux ou encore les textes législatifs et réglementaires ainsi que les débats parlementaires les ayant précédés. Dans tous les cas, il faut bien veiller au contexte d'énonciation : qui parle ? Pour qui ? Devant qui ?

Cette variété existe également pour les documents iconographiques qui comprennent notamment les peintures, dessins et gravures, les caricatures, les affiches ou encore les photographies. À l'intersection de cette catégorie et de la suivante (les documents statistiques), on retrouve les cartes et plans historiques, qui peuvent être des créations d'époque ou récentes et qui visent à mettre en lumière des processus dans l'espace à un moment donné (mouvements de troupes, migrations, conquêtes...) ou alors des systèmes d'organisation spatiale (plan d'une ville au XIXe siècle).

Enfin, les documents statistiques comportent un traitement chiffré des problématiques historiques. Ces documents peuvent être présentés dans leur forme brute, la série statistique, ou dans une forme analytique : courbes, diagrammes, anamorphoses...

L'essentiel est que, quelle que soit la nature du document, l'exercice du commentaire est toujours le même : l'explication et la mise en perspective des enjeux d'un problème historique. Par conséquent, quelle méthode convient-il de mettre en œuvre pour réussir le commentaire de document(s) en histoire ?

Comment s'en sortir face à un document iconographique ou statistique ?

Redoutés des étudiants qui pensent y trouver moins de prises pour développer leur commentaire, les documents iconographiques et statistiques sont pourtant très féconds.

Pour les documents iconographiques, l'analyse se fait non pas ligne par ligne mais plan par plan (premier plan, arrière-plan...). On repère ensuite l'ensemble des détails de l'image pour mieux les commenter ensuite.

Pour les documents statistiques, les indicateurs représentés constituent, généralement, les axes thématiques du commentaire. Il faut ensuite repérer les points remarquables, les évolutions frappantes. Ce sont ces éléments qui doivent être explicités dans le cadre du commentaire.

Ainsi, dans les deux cas, il faut bien s'insérer dans les détails du document et non se contenter d'une simple vue d'ensemble, nécessairement insuffisante.

Réussir le commentaire de document(s) en histoire : quelques clefs méthodologiques

■ La critique en histoire : la clef du commentaire

En remontant aux sources de la méthode historique, c'est-à-dire à la démarche héritée de l'école méthodique du XIXe siècle, l'on touche à la clef du commentaire de document(s) : la notion de critique.

En effet, les historiens Charles-Victor Langlois et Charles Seignobos placent cette notion au cœur de leur *Introduction aux études historiques* (1898). La critique consiste à comprendre un document historique à partir de ce que l'on sait d'ores et déjà de la période concernée par le document. Pour rappel, Langlois et Seignobos distinguent deux types de critiques à mettre en œuvre : la critique externe – qui porte notamment sur l'authenticité du document – et la critique interne (*cf.* « L'histoire, cette vieille connaissance »). Les étudiants doivent considérer que les documents qui leur sont soumis lors des examens sont authentiques. Aussi la critique externe ne les concerne-t-elle que peu : il y a peu de chances que les étudiants soient confrontés au matériau même du document à commenter.

Dès lors, c'est la critique interne qui doit mobiliser les étudiants. Cette dernière consiste à expliquer les allusions contenues dans le document tout en déterminant si ce qui est dit est vrai (critique d'exactitude) et, si cela est faux, la cause de cette erreur : omission, volontaire ou non, mensonge délibéré, méconnaissance des faits par l'auteur du document... (critique de sincérité). Cette méthode historique, héritée du XIXe siècle, n'a quasiment jamais été remise en cause par les historiens des périodes suivantes, même lorsque ces derniers n'étaient pas d'accord avec d'autres théories avancées par l'école méthodique[1]. Elle forme, en quelque sorte, le socle méthodologique commun de la discipline. C'est pourquoi il est demandé aux étudiants de se les approprier peu à peu tout au long de leurs études. À cela, on peut ajouter, s'agissant du commentaire de document(s) historique(s), l'intérêt qu'il peut y avoir à replacer les idées évoquées dans le document dans des « jeux d'échelles chronologiques » (Jean-François Sirinelli ; *cf.* « L'histoire, cette vieille connaissance » pour une définition précise de cette notion). L'intérêt d'une telle

1. Pour disposer d'un bon panorama de l'histoire de l'Histoire comme discipline scientifique, voir : Antoine Prost, *Douze Leçons sur l'histoire*, Paris, Seuil, 1996.

démarche réside principalement dans le fait que cela permet d'étoffer le commentaire et donc d'affiner le niveau de connaissances général de la copie. Cela ne peut donc que profiter à l'étudiant.

Au total, le bon commentaire est celui qui articule le texte à des connaissances personnelles de l'étudiant dans un schéma simple : un paragraphe comprend une citation, son explication et sa critique. Quelles attitudes convient-il alors d'adopter face au document pour y parvenir ?

Face au document : les grandes étapes

Première étape : les trois lectures

L'essentiel du travail de commentaire se passe au brouillon. La méthode proposée ici repose avant tout sur une triple lecture selon les principes suivants.

La **première lecture** du document, très attentive, se fait sans prendre de notes. Il s'agit de découvrir le texte pour lui-même et de se l'approprier de façon globale une première fois. À ce stade, mieux vaut ne pas penser au commentaire qu'il va falloir écrire. Au contraire, il est essentiel de se concentrer sur le document : que signifie-t-il ? Comprends-je d'emblée tout son contenu ?

La **deuxième lecture**, elle, a pour but de repérer, d'une part, les grandes caractéristiques du document : contexte d'énonciation, thèse de l'auteur, nature du document... ; d'autre part, les points qu'il va falloir expliciter dans le commentaire. C'est pourquoi il est vivement recommandé de souligner tous les passages qui doivent faire l'objet d'une explication et d'une critique. Il est tout à fait normal, à la fin de cette deuxième lecture, d'avoir un document souligné dans sa quasi-totalité ! Les choix d'opportunité de traiter tel ou tel passage dans la copie viendront plus tard. En revanche, il faut, à la fin de cette deuxième lecture, être capable de répondre à trois questions :

1. Quelle est la thèse de l'auteur ?
2. Quels sont les axes thématiques du document (deux, trois ou quatre, en général) ?
3. Quel est le plan du document ?

Sur cette dernière question, il faudra être vigilant à déterminer si le plan est celui de l'auteur ou bien s'il s'agit d'une reconstruction, à partir d'extraits – matérialisés par des points de suspension entre crochets – qui est du fait du correcteur. Dans ce dernier cas, on veillera à bien se demander pourquoi les extraits ont été compilés dans cet ordre : vers quelle direction le correcteur cherche-t-il à amener les étudiants ? De la même manière, si le document possède un titre, là encore donné par le correcteur, c'est que ce dernier cherche à orienter les étudiants quant à la problématique historique mise en exergue par le document.

Quoi qu'il en soit, c'est après avoir repéré les grands axes thématiques du document que l'étudiant démarre la **troisième lecture**. L'objectif est alors de repérer quels passages soulignés en deuxième lecture relèvent de quel axe thématique. Idéalement, on choisira une couleur par axe et on matérialisera les passages en question dans le document afin d'être sûr de ne rien oublier lors de la rédaction au propre. La plupart du temps, ces grands axes constitueront également le plan du commentaire.

En résumé, cette première étape s'articule ainsi :

- Une première lecture destinée à comprendre le texte dans sa globalité.
- Une deuxième lecture dont l'objectif est de repérer ce qu'il faudra commenter.
- Une troisième lecture pour déterminer la répartition des passages à commenter selon les grands axes thématiques du texte.

▸ La problématique

La deuxième étape de la préparation du commentaire de document(s) consiste en la recherche d'une problématique. Comme pour la dissertation, la problématique est une question (ou parfois une série de questions) qui mettent en lumière les enjeux historiques du document.

Trouver une problématique solide est fondamental. En effet, c'est la problématique qui détermine l'ensemble du développement. Dès lors, cette dernière doit impliquer un questionnement suffisamment vaste pour embrasser l'ensemble du document mais en même temps assez précis et proche de ce dernier pour ne pas tomber dans une série de généralités.

Une fois cela posé, il faut toujours avoir à l'esprit que le document donné à commenter est porteur d'un problème historique. Un problème historique se définit notamment par la mise en lumière d'une grande tendance ou dynamique (ex. : l'industrialisation au XIXe siècle) ou bien par une évolution majeure (ex. : la *Déclaration des droits de l'homme et du citoyen* d'août 1789 implique une rupture majeure avec le système politique et juridique de l'Ancien Régime). C'est donc du côté de ces tendances ou évolutions majeures qu'il va falloir trouver la problématique du ou des documents. On veillera toutefois à ne pas rédiger toutes les problématiques par des formulations simplistes et passe-partout du type : « Dans quelle mesure ce document est-il symbolique des enjeux de son époque ? » Au contraire, il faut privilégier des problématiques *incarnées* c'est-à-dire aux prises directes avec les acteurs et actrices du document. Ainsi, il est préférable de tourner la problématique dans le sens du propre questionnement de l'auteur. Par exemple, si l'étudiant doit commenter un extrait de la Charte monarchique de 1815, on préfèrera une copie dont la problématique est « Quels sont les moyens juridiques et politiques mis en œuvre par Louis XVIII pour restaurer l'Ancien Régime ? » que « En quoi ce texte est-il symbolique de la Restauration ? ».

▸ Construire le plan

Une fois la problématique trouvée, il convient de construire un plan qui permette d'articuler logiquement les différents pans de la réponse. En effet, il ne faut jamais perdre de vue que le commentaire de document(s), comme la dissertation, s'apparente à une argumentation. Il s'agit de trouver dans le document tous les éléments qui permettent de répondre à la problématique donnée.

Or, comme cette dernière s'appuie directement sur le document, il n'est pas rare que le plan qui permette d'y répondre soit calqué ou bien sur le plan même du texte, ou bien sur les grands axes thématiques repérés pendant la deuxième lecture du document. En l'espèce, l'originalité est rarement de mise : on préfèrera toujours une copie solide qui colle au document plutôt qu'un plan très original mais qui ne répond pas du tout à la problématique. Dernière remarque, cela ne signifie pas qu'il n'existe qu'un plan possible par document.

▸ Bâtir la copie : la rédaction

Dernière étape, il faut bâtir la copie. Aussi bien dans l'introduction que dans le développement et la conclusion, il existe toute une série d'éléments qu'il faut absolument retrouver dans la copie.

• L'introduction

L'introduction du commentaire de document(s) comprend :

- *Une amorce* : qu'elle prenne la forme d'une citation (extraite du document à commenter ou d'un autre) ou du récit d'une anecdote, l'amorce vise à attirer l'attention du lecteur sur la copie. Il ne faut donc pas la négliger.
- *Une présentation du contexte* : à la fois celui des faits décrits dans le(s) document(s) et, si l'on peut le savoir, celui dans lequel le document a été réalisé.

– *Une présentation de l'auteur* : cette courte notice biographique ne doit cependant pas présenter la vie de l'auteur postérieure à la réalisation du document. En effet, ces éléments ultérieurs de la vie de l'auteur ne peuvent pas, par nature, éclairer le document. On pourra les évoquer en ouverture, dans la conclusion, si nécessaire.
– *L'analyse du document* : il s'agit du découpage du document par l'auteur. Dans le cas d'un texte, on présente l'analyse de façon linéaire, comme suit : « De la ligne 1 à la ligne 12, l'auteur évoque telle idée. De la ligne 13 à la ligne 22, il explique autre chose. Enfin, de la ligne 23 à la ligne 50, il développe telle théorie. » Cette analyse ouvre la voie à l'expression de la problématique.
– *L'expression de la problématique* : la problématique doit être finement rédigée. Idéalement, elle procède de l'analyse du document.
– *L'annonce du plan du commentaire* : il est la matrice qui va permettre d'argumenter une réponse cohérente à la problématique.

- **Le développement**

Le développement constitue naturellement le corps du devoir. Il ne faut jamais oublier que, comme pour la dissertation, il prend une tournure argumentative. En effet, le but de l'opération est de répondre à la problématique.

Dès lors, il est recommandé d'articuler, au sein de chaque paragraphe, trois éléments, scrupuleusement dans cet ordre :

– Une citation du document.
– Son explication, grâce à des connaissances *extérieures* au texte : que veut dire l'auteur ? À quoi fait-il allusion ?
– Sa critique : l'auteur a-t-il raison, au plan des faits historiques ? Pourquoi ne dit-il pas la vérité, le cas échéant ?

En tout état de cause, l'on est conduit, notamment pour la critique, à avancer des hypothèses. L'on veillera donc à ne pas faire d'affirmation péremptoire. En revanche, il est souhaitable d'être le plus clair possible dans l'avancement de la démonstration : il faut donc soigner les transitions et les conclusions intermédiaires, recourir à des connecteurs logiques...

- **La conclusion**

La conclusion est un moment important du commentaire. Si le correcteur a décroché dans la lecture du développement, il lira en revanche la conclusion avec la plus grande attention pour achever de déterminer son jugement d'ensemble sur la copie. C'est pourquoi il faut bien comprendre que le but de la conclusion est à la fois de résumer l'ensemble du devoir mais aussi est surtout de répondre à la question posée dans la problématique. S'agissant d'un commentaire de document, l'on gagnera aussi à évoquer, si on la connaît, la postérité du document et l'intérêt que ce dernier peut avoir pour l'historien. Autrement dit, dans l'ordre, la conclusion comprend :

- Un résumé de la copie qui ne soit pas une simple redite du plan.
- La réponse à la problématique, clairement formulée.
- La postérité du document : le document a-t-il marqué l'histoire ? Comment ? Sinon, pourquoi ?
- L'intérêt du document pour l'historien : le document est-il rare ? Est-il exceptionnel ou, au contraire, un exemple parmi d'autres ?

Comment faire lorsque le commentaire porte sur un corpus de documents ?

Parfois, le commentaire porte sur un corpus de documents. Dans ce cas-là, quelques aménagements doivent avoir lieu. Ainsi, il n'est pas question, dans l'introduction, de procéder à l'analyse ligne à ligne de chaque document. Il faut plutôt regrouper les documents soit par nature, soit par thématique pour en présenter, dans les grandes lignes, la teneur.

Quant à la problématique, elle découle le plus souvent du titre donné au corpus par le correcteur. Il s'agit alors de s'appuyer sur l'explication de l'ensemble des documents pour y répondre.

Quoi qu'il en soit, il ne faut bien évidemment pas faire l'impasse sur tel ou tel document du corpus !

Un exemple de commentaire de document en histoire :

Extraits du *Discours de Bayeux* du général de Gaulle, 16 juin 1946

Discours de Bayeux, 16 juin 1946

Charles de Gaulle

[...]

Cependant, la nation et l'Union française attendent encore une Constitution qui soit faite pour elles et qu'elles aient pu joyeusement approuver. À vrai dire, si l'on peut regretter que l'édifice reste à construire, chacun convient certainement qu'une réussite quelque peu différée vaut mieux qu'un achèvement rapide mais fâcheux. Au cours d'une période de temps qui ne dépasse pas deux fois la vie d'un homme, la France fut envahie sept fois et a pratiqué treize régimes, car tout se tient dans les malheurs d'un peuple. Tant de secousses ont accumulé dans notre vie publique des poisons dont s'intoxique notre vieille propension gauloise aux divisions et aux querelles. Les épreuves inouïes que nous venons de traverser n'ont fait, naturellement, qu'aggraver cet état de choses. La situation actuelle du monde où, derrière des idéologies opposées, se confrontent des Puissances entre lesquelles nous sommes placés, ne laisse pas d'introduire dans nos luttes politiques un facteur de trouble passionné. Bref, la rivalité des partis revêt chez nous un caractère fondamental, qui met toujours tout en question et sous lequel s'estompent trop souvent les intérêts supérieurs du pays. Il y a là un fait patent, qui tient au tempérament national, aux péripéties de l'Histoire et aux ébranlements du présent, mais dont il est indispensable à l'avenir du pays et de la démocratie que nos institutions tiennent compte et se gardent, afin de préserver le crédit des lois, la cohésion des gouvernements, l'efficience des administrations, le prestige et l'autorité de l'État.

C'est qu'en effet, le trouble dans l'État a pour conséquence inéluctable la désaffection des citoyens à l'égard des institutions. Il suffit alors d'une occasion pour faire apparaître la menace de la dictature. D'autant plus que l'organisation en quelque sorte mécanique de la société moderne rend chaque jour plus nécessaires et plus désirés le bon ordre dans la direction et le fonctionnement régulier des rouages. Comment et pourquoi donc ont fini chez nous la Ire, la IIe, la IIIe Républiques ? Comment et pourquoi donc la démocratie italienne, la République allemande de Weimar, la République espagnole, firent-elles place aux régimes que l'on sait ? Et pourtant, qu'est la dictature, sinon une grande aventure ? Sans doute, ses débuts semblent avantageux. Au milieu de l'enthousiasme des uns et de la résignation des autres, dans la rigueur de l'ordre qu'elle impose, à la faveur d'un décor éclatant et d'une propagande à sens unique, elle prend d'abord un tour de dynamisme qui fait contraste avec l'anarchie qui l'avait précédée. Mais c'est le destin de la dictature d'exagérer ses entreprises. À mesure que se fait jour parmi les citoyens l'impatience des contraintes et la nostalgie de la liberté, il lui faut à tout prix leur offrir en compensation des réussites sans cesse plus étendues. La nation devient une machine à laquelle le maître imprime une accélération effrénée. Qu'il s'agisse de desseins intérieurs ou extérieurs, les buts, les risques, les efforts, dépassent peu à peu toute mesure. À chaque pas se dressent, au-dehors et au-dedans, des obstacles multipliés. À la fin, le ressort se brise. L'édifice grandiose s'écroule dans le malheur et dans le sang. La nation se retrouve rompue, plus bas qu'elle n'était avant que l'aventure commençât.

Il suffit d'évoquer cela pour comprendre à quel point il est nécessaire que nos institutions démocratiques nouvelles compensent, par elles-mêmes, les effets de notre perpétuelle effervescence politique. Il y a là, au surplus, pour nous une question de vie ou de mort, dans le monde et au siècle où nous sommes, où la position, l'indépendance et jusqu'à l'existence de notre pays et de notre Union française se trouvent bel et bien en jeu. Certes, il est de l'essence même de la démocratie que les opinions s'expriment et qu'elles s'efforcent, par le suffrage, d'orienter suivant leurs conceptions l'action publique et la législation. Mais aussi tous les principes et toutes les expériences exigent que les pouvoirs publics : législatif, exécutif, judiciaire, soient nettement séparés et fortement équilibrés et, qu'au-dessus des contingences politiques, soit établi un arbitrage national qui fasse valoir la continuité au milieu des combinaisons.

[...]

Source : site internet de la Fondation Charles de Gaulle.

Proposition de commentaire du document

« Ma mission est terminée, le régime exclusif des partis a reparu, je le réprouve ». C'est par ces mots que le général de Gaulle justifie, le 20 janvier 1946, sa démission du poste de chef du Gouvernement provisoire de la République française qu'il occupe depuis la fin de la Seconde Guerre mondiale. L'homme du 18 juin 1940, *leader* de la Résistance, se trouve, au début de l'année 1946, en désaccord avec les projets que propose la majorité de l'Assemblée constituante chargée de rédiger une nouvelle Constitution pour la République française alors que les électeurs ont rejeté un retour à la IIIe République. C'est dans ce contexte que le général de Gaulle, qui donc n'est plus au pouvoir, prononce un discours à Bayeux, en Normandie, le 16 juin 1946. Le choix de cette ville n'est pas anodin puisqu'elle est la première à avoir été libérée en 1944. Le général de Gaulle s'y rend pour célébrer le deuxième anniversaire de cette libération alors que, quelques jours plus tôt, le 5 mai 1946, le premier projet de Constitution de la IVe République a été rejeté à environ 53 % par les Français. Le général de Gaulle présente alors ses propres vues constitutionnelles à la veille de réfléchir à un nouveau projet de Constitution. Dans les extraits proposés, le général de Gaulle justifie brièvement le report de l'adoption de la Constitution. Ensuite, il explique que la rivalité des partis est un trait du comportement des Français, aux origines anciennes. Puis il pourfend les dictatures quelles qu'elles soient. Enfin, il prône l'adoption d'une Constitution permettant d'atténuer les maux français. Dès lors, quelles sont les attentes du général de Gaulle à l'égard du processus constituant en cours et en quoi diffèrent-elles des options jusqu'alors proposées par les parlementaires ? Dans un premier temps, l'on verra que le général de Gaulle réalise un exposé des erreurs à ne pas commettre. Puis l'on montrera que cet exposé appuie la thèse gaullienne de la nécessité d'un État restauré et solide.

*

* *

D'après le général de Gaulle, le processus constituant en cours a été émaillé d'erreurs qui ont conduit à l'échec du référendum du 5 mai 1946. C'est pourquoi, alors que la nouvelle assemblée constituante vient d'être élue, il rappelle quelles sont ces erreurs : aller trop vite, répéter les erreurs du passé et succomber à la tentation de la division.

Premièrement, le général de Gaulle estime que le processus constituant a été trop rapide. Il parle ainsi d'un « achèvement rapide mais fâcheux ». L'allusion à l'échec référendaire est limpide. En effet, la première assemblée constituante a été élue le 21 octobre 1945. Afin que les débats ne s'enlisent pas, son pouvoir est limité à sept mois. Le 19 avril 1946, dans les temps, donc, les députés votent sur le projet de Constitution, lequel est soumis au peuple le 5 mai. À la suite de cet échec, une nouvelle assemblée constituante, elle aussi limité à sept mois, est élue le 2 juin 1946. Il semble donc que le général de Gaulle déplore cette précipitation qui, il est vrai, contraste nettement avec le processus d'installation de la IIIe République qui avait duré près de cinq ans, entre 1870 et 1875.

Par ailleurs, le général de Gaulle souhaite que ne soient pas répétées les erreurs du passé. C'est pourquoi il rappelle qu'au « cours d'une période de temps qui ne dépasse pas deux fois la vie d'un homme, la France fut envahie sept fois et a pratiqué treize régimes ». Cette phrase est très claire : il faut y voir un référence aux guerres et aux régimes politiques qu'a connus la France depuis la Révolution française de 1789. C'est le sens de « deux fois la vie d'un homme » car 157 ans se sont écoulés entre 1789 et 1946. Les sept invasions sont celles des guerres révolutionnaires, de 1870, 1914 et 1940. Toutefois, dans cette recension des erreurs du passé, on peut se demander si le général de Gaulle n'exagère pas lorsqu'il parle de « treize régimes ». En effet, pour atteindre ce chiffre, il faut distinguer tous les régimes de la Ire République. Mais l'instabilité politique depuis 1789 n'en demeure pas moins réelle puisque la France a connu des monarchies constitutionnelles (1791, 1814), un régime de Terreur (1793), une république présidentielle (1848) et une république parlementaire (1875). Outre l'instabilité, le général de Gaulle pourfend donc les régimes qui ont échoué : il dénonce un attelage mêlant les trois premières républiques (« Pourquoi donc ont fini chez nous la Ire, la IIe et la IIIe République ? »), régimes pourtant très différents ! Mais la cause, d'après lui, de tous ces échecs, repose sur la « désaffection des citoyens à l'égard des institutions ». Cette affirmation est indiscutable s'agissant de la IIIe République, laquelle a d'ailleurs été rejetée par 96 % des suffrages exprimés lors du référendum du 21 octobre 1945.

Enfin, le général de Gaulle repousse dans un dernier mouvement la tentation de la division. Ainsi, il stigmatise la « vieille propension gauloise aux divisions et aux querelles ». Faire remonter cette tentation de la division à l'époque gauloise est habile : cela permet au général de Gaulle de montrer que c'est une tendance lourde de l'histoire française contre laquelle il faut lutter. Les divisions furent en effet nombreuses tout au long des siècles : Armagnacs contre Bourguignons, Jacobins contre Girondins, Résistants contre collaborateurs... Surtout, le général de Gaulle insiste sur une nouvelle temporalité de la division, propre à la situation internationale de 1946 : « la situation actuelle du monde, où derrière des idéologies opposées, se confrontent des puissances entre lesquelles nous sommes placées, ne laisse pas d'introduire dans nos luttes politiques un facteur de trouble passionné ». C'est une référence à la Guerre froide naissante à laquelle se livre ici le général de Gaulle. En mars 1946, Winston Churchill a théorisé la division du monde en deux blocs aux idéologies ennemies. Le général de Gaulle reprend donc cette thèse à son compte mais, surtout, montre que cette division pourrait s'installer en France même. En effet, les législatives de 1945 et de 1946 ont mis en lumière l'existence d'un tripartisme très net entre démocrates-chrétiens, communistes et socialistes. Surtout, le Parti communiste français apparaît à cette époque comme le premier parti de France et jouit d'un réel prestige en raison du tribut qu'il a payé à la résistance à l'occupation allemande. Cela semble d'ailleurs inquiéter le général de Gaulle qui pourfend « des débuts avantageux » qui conduisent ensuite à la dictature. Il s'agit donc bien de mettre en garde contre la division mais aussi contre l'essor du communisme en France.

*

Ce relevé des erreurs à ne pas commettre appuie parallèlement la thèse gaullienne de la nécessité d'avoir un État restauré et solide. C'est pourquoi, dans son discours, le général de Gaulle rappelle ce qui, selon lui, fonde l'État, propose un modèle adapté aux besoins du pays et se prononce pour des institutions limitant la propension des Français à se diviser.

Ce qui fonde l'État, pour le général de Gaulle, c'est « le crédit des lois, la cohésion gouvernementale, l'efficience des administrations, le prestige et l'autorité de l'État ». On retrouve là tous les thèmes de prédilection du général de Gaulle. Surtout, on observe une critique en creux de la IIIe République : les ministres n'étaient pas toujours solidaires les uns des autres et l'instabilité gouvernementale était la règle. Pour autant, certaines des options proposées sont pourtant consubstantielles de cette IIIe République ! Ainsi, le « crédit des lois » a été théorisé par les hommes de ce régime qui considéraient, à la suite de la *Déclaration des droits de l'homme et du citoyen* de 1789 que la loi représentait « l'expression de la volonté générale ». En cela, nul ne pouvait la contester. De même, l'efficacité relative de l'administration de la IIIe République est ce qui a permis à ce régime de se maintenir en dépit de la valse gouvernementale. Mais ce qui manquait alors, d'après le général de Gaulle, c'était donc « le prestige et l'autorité de l'État ». En cela, le général de Gaulle ne varie pas de son attitude pendant la guerre. En effet, il a œuvré activement pour que cette autorité soit toujours incarnée, notamment à travers la publication d'un *Journal officiel de la France libre* à Londres entre 1940 et 1943 puis d'un *Journal officiel de la République française* à Alger en 1943 et 1944.
En revanche, le général de Gaulle cherche à montrer qu'il ne faut pas figer ces débats constitutionnels de façon abstraite. Au contraire, plusieurs éléments du texte montrent que le modèle proposé doit être adapté au pays. Ainsi, c'est « l'organisation en quelque sorte mécanique de la société moderne » qui justifie les options proposées par le général de Gaulle. Il entend surement par cette phrase rappeler qu'il a conscience que la France est en mutation : progressivement, elle s'urbanise, la structure de l'emploi évolue en faveur du secteur secondaire... Par ailleurs, le général de Gaulle fait allusion à la situation des colonies françaises : « indépendance de notre pays et de notre Union française ». L'Union française constitue l'association des colonies à la métropole. Rappeler que les nouvelles institutions doivent permettre à cette Union de fonctionner n'est pas un vain mot : au même moment, la situation se dégrade nettement en Indochine qui cherche à acquérir son indépendance vis-à-vis de la France.
Enfin, les institutions prônées par le général de Gaulle doivent permettre de limiter le risque de division des Français : il faut qu'elles « compensent par elles-mêmes les effets de notre effervescence ». En quelque sorte, le général de Gaulle se réfère là à la théorie démocratique la plus classique, celle des pouvoirs et des contre-pouvoirs. Toutefois, l'on peut également y déceler une allusion aux théories du parlementarisme rationalisé qui ont fleuri au cours des années 1930 et qui consistent à créer des mécanismes destinés à limiter l'instabilité gouvernementale que pourraient causer de trop nombreuses motions de censure votées au Parlement. Mais l'élément le plus marquant du discours consiste en la volonté du général de Gaulle d'établir un pouvoir exécutif capable : « qu'au-dessus de nos contingences politiques, soit établi un arbitrage national qui fasse valoir

la continuité au milieu des combinaisons ». Il semble qu'il fasse très clairement référence à un président de la République dont le rôle, quasi-monarchique, serait de pouvoir dépasser les clivages entre partis politiques. Une telle option est loin d'être acquise en 1946, tant les républicains sont hostiles à l'exécutif et au risque de dérive autoritaire, quelques mois seulement après la fin du régime de Vichy. C'est pourtant, d'après le général de Gaulle, le chaînon manquant des institutions en cours de redéfinition.

*

* *

En définitive, l'aspiration principale du général de Gaulle à l'égard du processus constituant, c'est la restauration de l'État, élément qui a fait défaut à la France lors de la Débâcle de 1940. C'est pour cette raison que le général de Gaulle appuie avec force sur les erreurs à ne pas commettre à l'aube de rédiger une nouvelle Constitution. Toutefois, cet exposé lui permet également, en creux, de dénoncer l'attitude du Parti communiste français et ce qu'il estime être les travers de la IIIe République. Ce discours a rencontré un fort écho dans le pays. En effet, le lundi 18 juin – date majeure dans la geste gaullienne ! – la presse y consacre de nombreux articles portant tous sur la même idée : le général de Gaulle a présenté un projet de constitution aux Français. Le traitement est relativement objectif, sauf *L'Humanité*, organe du Parti communiste, qui y voit une résurgence du « plébiscite bonapartiste ». Toujours est-il que ce discours connut une forte postérité et, surtout, une traduction opérationnelle : en 1958, lorsque le général de Gaulle est rappelé au pouvoir, il réactive les principales idées de cette prise de parole, ce qui permet au processus constituant d'être très rapide et, surtout, de se passer d'une assemblée constituante. Un comité d'experts consultatif est mis en place pour analyser la future Constitution, laquelle est proclamée le 4 octobre 1958 : le processus constituant aura duré, en tout et pour tout, quatre mois.

II. Le commentaire de document(s) en géographie

Le commentaire de carte

■ Les cartes à commenter

Le commentaire de carte est appelé communément en prépa la « carto ». Cette désignation est *stricto sensu* abusive puisque la cartographie est la réalisation de cartes et non son analyse. Le commentaire de carte est un exercice que l'on retrouve lors des épreuves écrites (en tronc commun ou en option en fonction des types de CPGE) et épreuves orales, pour les étudiants qui ont choisi l'option histoire-géographie (*cf. supra* « Les épreuves d'histoire et de géographie dans les différents concours organisées par les ENS et l'école nationale des Chartes »). À l'écrit, l'exercice dure 3 heures et à l'oral la préparation est de 1 heure.

Les cartes à commenter sont des cartes issues de l'Institut géographique national (IGN), concernant la France (métropolitaine et d'outre-mer). L'échelle qui est de plus en plus privilégiée est celle du 1:25 000, il s'agit donc d'une représentation à grande échelle (locale). La carte à commenter peut être accompagnée de deux ou trois documents qui peuvent être : un extrait de carte topographique – à une autre échelle ou d'une autre édition –, des textes, des statistiques, des photographies... Ces documents d'accompagnement permettent d'éclairer certains éléments de la carte et de donner des indices sur la problématique à adopter pour le commentaire.

■ Quels sont les objectifs du commentaire de carte ?

Le commentaire de carte est un exercice qui consiste à donner du sens à une carte qui n'est pas forcément intelligible au premier venu. Il vous faut donc être l'interprète de cette carte pour qu'elle ne soit pas muette.

Pour cela un mot d'ordre : les informations données par la carte doivent être constamment approfondies par vos connaissances. Ainsi, comme pour un commentaire d'un texte, il ne faut pas paraphraser mais expliquer le document cartographique grâce à vos connaissances.

Cela signifie plusieurs choses :

- Comprendre et assimiler les subtilités des légendes des cartes IGN. Profitez des vacances d'été avant votre rentrée en prépa pour vous acheter une ou deux cartes de vos lieux de vacances ou résidence pour vous familiariser avec ce langage cartographique !
- Commencer à se forger une solide connaissance de la géographie de la France que ce soit du point de vue physique (analyse des milieux, des paysages) que de celui des phénomènes socio-spatiaux mais aussi sur un temps plus long (importance des héritages). *Cf.* « Trouver l'information : les ressources ».

Comment lire une carte à commenter ?

Il faut tout d'abord **contextualiser** la carte c'est-à-dire la LOCALISER à des échelles plus petites. Il s'agit donc de définir sa SITUATION (*cf.* l'encadré « Petit lexique des cartes topographiques »). Cela implique qu'il faut avoir une bonne connaissance géographique de la France.

> « Replacer la carte dans son contexte permet de rendre compte de l'organisation de l'espace représenté et d'éviter de gros contresens. »
>
> Source : Rapport du jury, ENS LSH, épreuve de géographie option, 2013.

Après avoir pris la peine de repérer les différents ensembles qui composent la carte (espaces urbains, ruraux ; milieux physiques différents...), vous devez la lire attentivement en notant les informations importantes au fil d'une lecture qui suit ces différents ensembles. N'oubliez pas de noter dans votre brouillon les coordonnées des espaces et éléments jugés importants pour pouvoir les situer au moment de votre rédaction. Vous pouvez également utiliser des petits marque-pages de couleur fluo pour les signaler sur la carte.

Le relevé des informations utiles ne doit pas être confondu avec une liste exhaustive des éléments qui composent la carte : vous devez forcément sélectionner les éléments les plus importants de la carte proposée.

Petit lexique des cartes topographiques

- Les **cotes d'altitude** : elles indiquent l'altitude de certains points. L'altitude est mesurée, en France, à partir du zéro géographique (niveau moyen des mers).
- Les **courbes de niveau** (ou lignes isohypses) : elles relient tous les points de la carte situés à la même altitude. Les courbes de niveau permettent de donner une idée du relief : plus elles sont écartées, plus la pente est faible, et inversement.
- **Top 25** : édition touristique de la carte à l'échelle 1:25 000.
- **Site et situation** :
  - Le site est le lieu d'installation d'une concentration humaine. Les raisons qui motivent l'implantation d'une ville sont souvent liées au milieu naturel.

  Exemples de sites :
    - sites de défense : butte ou colline (comme Lyon) ;
    - sites de protection naturelle (comme Bordeaux ou Grenoble) ;
    - site de franchissement (ou de premier pont) comme Paris ;
    - site de ressources : mines (Lens), sources (Nîmes).

  Le site peut devenir par la suite une contrainte dans le processus d'étalement urbain (exemple : Lyon).
  - La situation est la mise en contexte de l'espace analysé. Plus que le site c'est la situation qui explique le développement de l'objet géographique étudié. Cette remise en contexte passe par une approche multi-scalaire (régionale, nationale, mondiale).

  Exemples de situations :
    - situation de carrefour ;
    - situation frontalière.

Percevoir les différentes strates du tissu urbain sur une carte

En France, la plupart des villes ont une organisation spatiale concentrique, les auréoles correspondant aux différentes périodes de développement spatial de la ville.

➠ Les **espaces centraux** : ce sont souvent les espaces urbains les plus denses.

- Plans en damier d'origine antique : ils sont souvent incomplets. Essayez de repérer le *cardo* (axe nord-sud de la ville romaine) et le *decumanus* (axe est-ouest) quand ils existent (exemple : Besançon).
- Centres **médiévaux** : ils sont beaucoup plus fréquents et assez aisément visibles par leur trame viaire faite de ruelles étroites et biscornues. Ils sont entourés de murailles fréquemment transformées au XIXe siècle en boulevards circulaires (comme les grands boulevards à Paris).
- **Strates urbaines modernes**, datées entre le XVIe et le XVIIIe siècle. Le développement urbain se caractérise par le réaménagement du tissu urbain existant. Ce réaménagement introduit de la symétrie dans la trame viaire (*i.e.* le réseau des rues) par la création de places, de larges percées... Exemple : place des Vosges à Paris, anciennement place Royale et réalisée au XVIIe siècle. Ces réaménagements sont souvent liés à l'affirmation du pouvoir royal (pensez également à la place Bellecour à Lyon avec la statue de Louis XIV).
  L'époque moderne est aussi l'époque de la fondation de quelques villes nouvelles comme Versailles qui se distinguent par un plan orthogonal (*i.e.* un plan en damier ou hippodamien, dans lequel les rues sont des droites qui se croisent de manière perpendiculaire).
- Les **espaces** liés au développement de l'**industrialisation**, à partir du XIXe siècle : ce sont les faubourgs. Ils sont relativement aisés à repérer : ils se situent à l'extérieur des boulevards circulaires ou près de la gare.
  Initialement les faubourgs étaient des espaces périphériques mais aujourd'hui ils concentrent de fortes densités et sont morphologiquement associés au centre. Cependant sur le plan fonctionnel, ils sont souvent qualifiés d'espaces péricentraux (J. Tiffou, 2000).
  Le XIXe siècle apporte aussi son lot de réaménagements urbains des centres urbains, souvent plus systématiques que ceux des siècles précédents, en particulier à Paris avec les travaux du baron Haussmann.

- Les **espaces périphériques**, moins densément peuplés et dépendants du centre (notamment du point de vue de l'emploi).
  - **Les banlieues** : il est difficile de les différencier des faubourgs, puisqu'elles les prolongent. Cependant elles peuvent être repérées par le fait qu'on y constate une diminution de la densité et par les éléments suivants :
    - présence de « gares de banlieue » ;
    - croissance spatiale en « doigt de gant » (*i.e.* qui dessine la forme de doigts en suivant les infrastructures de transports et les vallées) ;
    - deux types d'habitat : individuel (pavillonnaire) et collectif (grands ensembles par exemple).

Forme d'un quartier de grands ensembles en banlieue sur une carte IGN

Source : d'après carte IGN 1:25 000 de Toulouse (2006, 2010), Reynerie, Bellefontaine.
Réalisation : Antoine Moret (2015).

– Le **périurbain** : facile à identifier par une faible densité et une véritable coupure dans la continuité du bâti (*NB* : le périurbain ne fait pas partie de l'agglomération). Le boom du périurbain s'explique par plusieurs facteurs :
  - le coût du foncier au centre ;
  - l'aspiration à la propriété individuelle ;
  - des possibilités techniques : l'avènement de l'automobile qui permet l'allongement des mobilités pendulaires (résidence-travail/travail-résidence). L'étroite relation qui existe entre l'automobile et le périurbain explique la morphologie de ce nouveau développement urbain : une croissance en îlots à partir des espaces ruraux et non plus dans la continuité.

À repérer sur la carte : les échangeurs d'autoroute, la forme des lotissements (des motifs qui privilégient l'arrondi et les courbes) et le mitage des espaces ruraux (*i.e.* le recul des surfaces agricoles exploitées lié au fort développement de lotissements).

Forme d'un lotissement pavillonnaire périurbain sur une carte IGN

Source : d'après carte IGN 1:25 000 de Toulouse (2006, 2010), Maouré (Colomiers).
Réalisation : Antoine Moret (2015).

Comment organiser un commentaire de carte ?

Un commentaire de carte est composé des éléments suivants :

Introduction

- **Situation de l'ensemble géographique** à étudier. La localisation, de la plus petite échelle à la plus grande, doit être précise avec la mention des cadres administratifs (commune, département...) mais aussi, et surtout, avec l'utilisation des désignations plus traditionnelles qui renvoient davantage à des identités (exemple : la Touraine).
- **Mise en évidence de la spécificité de l'espace cartographié** (relief, population, activités) qui s'inscrit dans d'autres ensembles plus larges (il ne faut pas traiter le fragment d'espace situé face à vous comme un isolat).
- **Présentation des documents d'accompagnement**, reliés à la carte.
- **Formulation de la problématique** : deux grands types de problématiques existent, celles qui ont pour objet l'unité ou la diversité de l'espace étudié, et celles qui se définissent par des enjeux régionaux forts (exemple : la carte de Douai est à relier à la question de la reconversion industrielle).
- **Annonce du plan** qui est structuré selon deux ou trois axes qui permettent de développer une argumentation dynamique et cohérente.

Quelques modèles de plans de commentaire de carte

- **Plan par grands ensembles régionaux présents sur la carte**
- **Plan à deux volets : milieu** (I)/**organisation spatiale** (II)
- **Plan par échelles**

→ Attention, ces types de plans ne s'appliquent pas à toutes les cartes. Ne plaquez jamais un modèle de plan sans avoir réfléchi à sa pertinence et sans avoir justifié ce choix.

Développement

Les connaissances doivent être amenées à partir des informations prélevées sur la carte, ce qui implique de se référer constamment à celle-ci.

Le développement du commentaire de carte étant une démonstration, vous ne pouvez pas dresser une simple liste de ce que vous voyez sur la carte. C'est pourquoi gardez-vous d'utiliser des expressions comme « on voit », « on remarque », « il y a »… Il s'agit, bien au contraire, de hiérarchiser les informations pour donner à comprendre la spécificité de la carte.

En outre, les transitions doivent être soignées.

▸ Conclusion

– Bref résumé des principales étapes de l'argumentation.
– Réponse à la problématique.
– Ouverture (élargissement du sujet à d'autres questionnements, horizons).

▸ Production graphique

Le commentaire de carte à l'écrit doit être accompagné d'un croquis. Celui-ci doit être réalisé avant la rédaction pour pouvoir y faire référence et pour s'assurer de la cohérence de la problématique et du plan adoptés […]. (*cf.* « Les productions graphiques : comment les réaliser ? »)

Le commentaire de cartes à l'oral des concours des ENS

Temps de préparation : 1 heure. Pour préparer le candidat a également à sa disposition une carte de France des villes et routière, et une carte géologique au 1:1 000 000.

Temps du passage : 1 demi-heure (20 minutes d'exposé suivies de 10 minutes de questions).

➠ La carte à commenter, souvent au 1:25 000, est accompagnée d'un ou deux documents qui sont en général une carte à une autre échelle ou d'une autre date. Il est également possible d'avoir une carte géologique, des textes ou des statistiques. Il faut exploiter tous les documents, y compris par exemple la photographie sur la couverture de la carte IGN. C'est de la totalité du corpus qu'il faut dégager une problématique. Pour le reste, l'exercice ressemble beaucoup à celui du commentaire de carte géographique des épreuves écrites d'admissibilité : il faut tirer parti à la fois de ses connaissances et des informations trouvées dans les documents tout en utilisant le vocabulaire adéquat.

- Comme pour tout concours, les oraux sont publics. Vous pouvez donc aller voir des oraux l'année précédente ou quelques jours avant votre passage, mais cela signifie aussi que vous pourrez avoir un public lorsque vous passerez. Il faut en faire abstraction et ne s'adresser qu'au jury.
- De même, comme pour toute épreuve orale, il y a un certain nombre de règles à respecter : ne pas s'asseoir, ne pas tourner le dos au jury, les regarder dans les yeux, et bien sûr gérer votre stress et votre temps.
- **Astuces pour le jour J** :
  - Prévoyez des supports de l'exposé pratiques : des feuilles de format A5 (la moitié d'une feuille A4, c'est plus facile à tenir en main si besoin), numérotées (imaginez qu'elles soient dispersées par un coup de vent !) et écrites seulement sur une face (pour ne rien oublier).
  - Ne rédigez complètement que l'introduction et la conclusion, pour le reste vous perdriez trop de temps.
  - Écrivez lisiblement et de manière aérée.
  - Prévoyez des surligneurs, des feutres (pour mettre en valeur les points importants selon un code couleur que vous aurez établi pendant l'année), des ciseaux et du scotch (très précieux si vous manquez de temps et que vous voulez changer l'ordre des arguments).
  - Ayez toujours sur vous (que ce soit pendant la préparation ou pendant l'exposé) une montre, ou mieux un chronomètre à gros cadran pour pouvoir vérifier votre gestion du temps très discrètement.
  - Pour gérer au mieux votre temps pendant l'exposé, écrivez sur vos feuillets, dans une couleur spécifique, l'heure à laquelle vous devez être lorsque vous aurez fini telle ou telle partie de l'exposé. Exemple : à la fin de l'introduction vous marquerez de manière bien visible sur votre feuillet 2' ; à la fin de la partie I, vous écrirez 7', etc. Ainsi vous saurez si vous êtes en avance ou en retard. La gestion du temps est primordiale.
  - N'oubliez pas d'indiquer les lieux et espaces auxquels vous vous référez dans votre exposé. Avec le stress, lorsque la carte et les documents sont affichés au tableau, on risque de perdre du temps pour retrouver un lieu pourtant repéré lors de la préparation. Une astuce est de coller des petits marque-pages de couleur fluo sur les lieux sélectionnés. Cela vous aidera également lors de la préparation pour voir si vous mobilisez bien l'intégralité de l'espace qui vous est proposé.

Le commentaire d'un corpus documentaire en géographie

Pour réussir un commentaire de documents il faut avoir en tête les deux écueils principaux qui vous menacent : la paraphrase et l'exposé de connaissances sans lien direct avec les documents.

- Évitez à tout prix la paraphrase, c'est-à-dire la redite du contenu des documents sans apport personnel. Cela peut paraître évident, mais c'est un défaut très répandu. Cette mise en garde vaut bien sûr pour les documents textuels mais aussi les statistiques, images et autres types de documents.
- L'exposé de connaissances sans lien direct avec les documents est également à éviter. En effet, même si cet exposé traite du sujet du corpus documentaire, si vous n'analysez pas les documents vous serez très fortement pénalisé car vous ne respectez pas la nature même de l'exercice. Encore une fois, cela paraît évident mais trop d'étudiants font encore cette grave erreur, alors méfiez-vous !

Comment réaliser un bon commentaire de documents ? C'est simple : vous devez partir des documents pour pouvoir mobiliser vos connaissances. Il s'agit donc de trouver un équilibre entre les deux écueils indiqués ci-dessus, tout en faisant preuve d'un constant esprit critique (les documents proposés peuvent être et sont souvent partiaux ou biaisés).

Pour y arriver, il vous faut suivre un certain nombre d'étapes, qui seront ici illustrées par le traitement d'un exemple de commentaire de documents :

▸ ***Exemple : « Shining India » ?***

« *Shining India* » : l'Inde qui brille

- **Document 1. Les atouts indiens**

  Les élections indiennes dont les résultats viennent d'être annoncés ont donné une nette victoire à la coalition menée par le Bharatiya Janata Party (BJP) de Narendra Modi et ses alliés. [...] On semble aujourd'hui retrouver la voie du « Shining India » [slogan du BJP en 2004], le sentiment d'optimisme dans les perspectives économiques du pays existant en 2004 en prélude à la période de croissance économique de 7 % à 10 % que le pays allait connaître jusqu'en 2010. [...]

L'Inde dispose d'atouts majeurs :

1. **Une démocratie solide et un environnement politique stable.**

   [...] L'Inde reste un grand pays marqué par une extrême diversité, une culture de débat et une démocratie qui sont fortement ancrées et qui sont susceptibles de limiter les dérives nationalistes extrêmes que beaucoup redoutent du BJP et de Modi. [...]

2. **Un système judiciaire indépendant et une forte culture juridique** [...]
3. **Le dividende démographique avec une population jeune en augmentation.**

   Alors que l'Inde est appelée à devenir le pays le plus peuplé au monde dans quelques années, le pays est caractérisé par la jeunesse de sa population. [...] La population en âge de travailler (personnes entre 15 et 64 ans) devrait augmenter de manière continue dans les prochaines années [...]

4. **Un formidable réservoir de talents et de main-d'œuvre éduquée et anglophone** [...]
5. **Des opportunités dans la modernisation de l'économie rurale** [...]
6. **Une plateforme de production et d'exportation à renforcer** [...]
7. **Un environnement de plus en plus ouvert aux Investissement directs étrangers (IDE)** [...]

Sans négliger les très nombreux défis qui se posent au pays [...], l'Inde conserve de nombreux atouts pour retrouver l'avenir rayonnant auquel le pays aspire. Il ne manque plus à Modi qu'à mettre en place les réformes permettant de tirer pleinement parti de ces atouts. C'est sans aucun doute aussi le bon moment pour les entreprises françaises de jeter un œil neuf à leur stratégie de développement en Inde.

Source : Ribollet N. (associé, Responsable de l'activité M&A Transaction Advisory Services en Inde), 18/05/2014, « Inde, le retour annoncé de Shining India ou la confiance retrouvée dans les perspectives de l'économie indienne », Le Cercle, *Les Échos*

– **Document 2. Magarpatta City (dans l'État du Maharashtra)**

Un concept unique : notre projet est de créer un nouveau style de vie pour la société informatisée du nouveau millénaire, en mettant l'accent sur la qualité de l'environnement, des normes de confort haut de gamme, un système d'éducation moderne, de meilleurs conditions de travail, le tout dans une totale sécurité.
Un maximum de sécurité et de sureté : Magarpatta est une ville close, avec des grilles et des entrées gardées. Aucun étranger ne peut pénétrer dans le périmètre de la cité sans être contrôlé. En plus de cela des patrouilles de professionnels de la sécurité sillonnent la ville jour et nuit. [...]
Environnement : 1/3 de la superficie de Magarpatta est constitué de jardins auxquels s'ajoutent les arbres, plates-bandes et plantations bordant les routes. Déclaré zone d'oxygène, la cité est exempte de toute pollution. [...]
Loisirs : à Magarpatta tout est à proximité de chez vous, théâtres, centres culturels, piscines, boutiques, salles de spectacle, golfs [...]

Source : Extrait de l'argumentaire de vente des appartements de Magarpatta City, www. magarpattacity.com. Cité dans « L'Inde ou le grand écart », *Documentation photographique*, 2007, F. Landy.

– **Document 3. Inde : des *selfies* contre le fléau de la sélection à la naissance**

Le Premier ministre indien Narendra Modi a incité les parents à publier des selfies pris avec leurs filles. Sur Twitter, les personnalités indiennes s'y mettent et le hashtag #SelfieWithDaughter décolle.
La campagne, lancée à l'origine sur Whatsapp par un chef de village de l'Haryana, a décollé sur Twitter, après le coup de pouce de Narendra Modi. Des ministres, des chefs d'entreprise, dont l'industriel Naveen Jindal, et des stars du sport, comme le champion de cricket Sachin Tendulkar, se sont précipités pour publier à leur tour un selfie avec leur fille. [...]
Pour cette nouvelle initiative, le nationaliste hindou a été critiqué par certaines organisations de défense des droits de la femme. « Une campagne ne peut pas se réduire aux réseaux sociaux », selon la secrétaire de l'Association des femmes progressistes, Kavita Krishnan. [...] Le harcèlement et les violences dont sont victimes les femmes demeurent un fléau en Inde plus de deux ans après le viol d'une étudiante à New Delhi qui avait déclenché des protestations dans tout le pays.

Source : par LEXPRESS.fr avec AFP, publié le 03/07/2015.

– **Document 4. Nombre d'exploitations selon leur taille dans les États du Bihar, du Pendjab et de l'Andhra Pradesh**

	Nombre d'exploitations		
Taille des exploitations (ha)	Bihar	Pendjab	Andhra Pradesh
< 0,5	12 052 983	60 822	5 195 234
0,5 – 1,0	2 691 115	103 609	3 229 464
1,0 – 2,0	948 016	195 439	2 918 374
2,0 – 3,0	290 518	221 268	1 042 477
3,0 – 4,0	124 146	103 247	356 646
4,0 – 5,0	50 651	127 340	187 618
5,0 – 7,5	23 108	117 643	161 083
7,5 - 10	7 725	53 468	48 551
10 - 20	2 647	59 085	31 568
> 20	482	10 633	4 085
Ensemble des exploitations	1 619 1391	1 052 554	13 175 100

Source : Agricultural census,
Department of Agriculture and Cooperation of India, 2010-11.

– **Document 5. La malnutrition en Inde**

On compte au moins une centaine de morts de faim tous les ans en Inde, dans des villages plus ou moins reculés. Très souvent, les médias et les ONG locales soulèvent la question, puis l'administration locale enterre le problème. À l'échelle nationale, la malnutrition reste aussi une question épineuse. On le voit nous-mêmes en tant que chercheurs, lorsqu'on demande un visa de recherche, ou que l'on présente un programme de recherche au gouvernement indien, systématiquement il faut dissimuler le fait que l'on va travailler sur la malnutrition, ou d'autres thématiques sociales similaires. C'est assez révélateur. Pourtant il n'y a plus de famine, au sens de rupture généralisée de la disponibilité alimentaire qui toucherait toute une région.

Source : Entretien avec Frédéric Landy, réalisé en janvier 2015
par Daniel Florentin et Frédérique Célérier, « Ouvre-moi ton dabba
et je te dirais qui tu es : nourrir les Indiens urbains avec Frédéric Landy », *Urbanités*,
lien URL : http://www.revue-urbanites.fr/entretien-ouvre-moi-ton-dabba-et-je-te-dirai-qui-tu-es-nourrir-les-indiens-urbains-entretien-avec-frederic-landy/

■ Première étape : cerner le sujet

Analyser le titre du corpus et dégager au brouillon les notions et principales idées qu'on peut y associer.

▶ *Exemple* : « Shining India ? »

– « *Shining India* »

→ Slogan du parti nationaliste BJP.

→ Pays « qui brille » → élément positif, dynamique en lien avec l'intégration de l'Inde dans la mondialisation : pays émergent.

→ Économie en voie de libéralisation surtout depuis les années 1990, importance du secteur tertiaire dans ce développement, croissance des Investissements directs à l'étranger (IDE), croissance du PIB.

→ Idée de modernité.

– « *Shining India* » ?

→ Interrogation qui appelle nécessairement des nuances, voire une remise en cause.

→ Inégalités, des extrêmes sociaux mais aussi spatiaux.

→ Des tensions (religieuses, frontalières, sociales avec les castes et la place de la femme).

→ Opposer ce slogan politique à l'analyse du géographe F. Landy « L'Inde ou le grand écart » (2007).

■ Deuxième étape : lire et exploiter les documents

Il faut bien lire les documents et les lire en géographe, c'est-à-dire en spatialisant les informations des documents (demandez-vous toujours : quels sont les espaces évoqués ? à quelle(s) échelle(s) agissent les phénomènes et processus mis en valeur par le corpus documentaire ?).

Cette lecture est donc une lecture active et doit être accompagnée d'une prise de notes hiérarchisée (au brouillon). Relevez pour chaque document les différents éléments suivants : nature du document, auteur et la source, la date et le contexte, la portée du document, son objet, les principaux arguments et notions et les liens à faire avec le reste du corpus.

De façon à être le plus efficace possible vous pouvez procéder à cette prise d'informations sous la forme d'un tableau, comme suit :

▸ *Exemple : « Shining India ? »*

Doc.	1	2
Nature	– Texte – Contribution (texte d'opinion)	…
Auteur(s) et source	– N. Ribollet – Entrepreneur en Inde dans le conseil (finance ?) → *Acteur économique* → *Parti-pris* – Texte tiré du périodique *Les Échos*	…
Date et contexte	– 18/05/2014 – Juste après les élections législatives et la victoire du parti nationaliste BJP (Modi)	…
Portée	– Lectorat français donc extérieur à l'Inde → *Montre l'attractivité de l'Inde dans la mondialisation.* – S'adresse particulièrement à des entrepreneurs (*cf.* dernière phrase) → *Investissements ?*	
Objet	Les atouts de l'Inde dans la mondialisation	…
Principaux arguments	– Forte croissance économique : 7 à 10 % entre 2004 et 2010 – Stabilité politique → *Mais des tensions politiques, religieuses, nationalisme hindou (BJP).* – Fiabilité du système judiciaire → *Place importante de la corruption en Inde (ex. : pots de vin dans le système public alimentaire)* – Augmentation de la jeune population active → *Transition démographique, deuxième pays le plus peuplé du monde, projection : devrait dépasser la Chine.* → *Mais baisse de la fécondité.* – Main-d'œuvre éduquée et anglophone → Des universités reconnues (ex. : Institut indien des sciences de Bangalore) → *Profondes inégalités : taux de scolarisation à l'école secondaire de 58,5 % pour les garçons et de 48,7 % pour les filles (2008-2012, Unicef).* → *Place importante de l'anglais en Inde (héritage colonial), véritable* lingua franca *dans un pays qui compte plus de 800 langues → un atout dans la mondialisation ?* – Modernisation de l'économie rurale à accentuer → *Révolution verte, à réactiver à l'aune du développement durable.* → *De profondes inégalités (foncières, entre régions, malaise paysan et suicides de paysans endettés).* – Des échanges à renforcer → *Ouverture indienne récente (années 1990).* → *Représente 1,6 % des échanges mondiaux de marchandises (2012).* – Ouverture aux IDE → *Récente également.* → *Inde attire les IDE surtout dans le secteur tertiaire et plus grandes villes (Delhi et Mumbai) : 15e place des pays récepteurs d'IDE (2012).* → *Une capacité d'investissement moindre : 29e place des pays émetteurs d'IDE (2012).* – Nécessité de réformes → *Réformes libérales ? cf. auteur.*	…
Notions	– Émergence – Mondialisation – Inégalités sociales – Fort peuplement indien – Modernisation	…
Liens avec d'autres documents	– Doc. 2 (modernisation, divisions socio-spatiales) – Doc. 3 (modernité et intégration dans les réseaux immatériels de la mondialisation : Twitter...) – Doc. 4 (inégalités de tenure foncière agricole entre régions) – Doc. 5 (fort peuplement et question de la sécurité alimentaire, une administration locale peu transparente)	…

La ligne « Principaux arguments » est cruciale, en effet vous devez y relever les arguments les plus importants (en les reformulant) et qui font sens par rapport au titre du corpus documentaire, mais aussi les relier d'ores et déjà à vos connaissances (en italique dans le tableau ci-dessus) : soit en abondant dans le sens du document en apportant des faits supplémentaires (chiffres, exemples...), soit en nuançant également grâce à des faits. C'est cette ligne qui vous permet de dégager les notions essentielles de chaque document (colonne suivante) et donc du corpus, ce qui vous mènera à structurer votre commentaire autour de deux ou trois thèmes fondamentaux. Prévoyez donc, au moment de tracer les contours de votre tableau, une large ligne pour l'item « Principaux arguments ».

Troisième étape : structurer l'argumentation

Grâce au tableau d'exploitation des documents (*cf. supra*), vous êtes désormais en mesure de trouver deux ou trois thèmes qui permettent de traiter le sujet en mobilisant TOUS les documents. Ces deux ou trois thèmes sont, vous l'aurez deviné, les grands axes de votre commentaire.

Un commentaire est composé des éléments suivants :

▸ Introduction

- Amorce tirée d'un ou plusieurs documents du corpus (citation pertinente au regard du sujet, phénomène observé sur la carte, exemple statistique significatif...).
- Analyse des termes du sujet.
- Présentation des documents (évitez de les présenter un par un mais faites plutôt des regroupements soit par nature de documents, soit par auteur, soit par échelle, soit par thème abordé...).
- Formulation de la problématique.
- Annonce du plan.

NB : L'introduction doit faire une page – une page et demie pas plus.

▸ Développement

Il doit être structuré autour de deux ou trois axes. Leurs titres doivent être bien reliés au corpus documentaire. En outre, dans le développement, il faut sans cesse faire référence aux documents.

▸ **Conclusion**

– Bref résumé des principales étapes de l'argumentation.
– Réponse à la problématique.
– Ouverture (élargissement du sujet à d'autres questionnements, horizons).

▸ ***Exemple : « Shining India ? »***

Introduction :

→ Amorce possible : partir sur l'origine de l'expression « *Shining India* » à partir du document 1 et éventuellement le relier au document 2 : « la société informatisée du nouveau millénaire ».
→ Présentation des documents : ici le plus pertinent est de le faire par thème. Les documents qui montrent l'existence d'une Inde « qui brille » (docs 1 et 2) et ceux qui nous décrivent ses parts d'ombre (docs 3, 4 et 5).
→ Problématique : dans quelle mesure le développement indien fait émerger une Inde qui « brille » tout en exacerbant les contrastes socio-spatiaux à toutes les échelles ?

Plan :

I. **Le rayonnement de l'Inde : l'intégration à la mondialisation**

A. À petite échelle, une croissance économique importante (docs 1 et 2)
B. #UneSociétéConnectée : la modernisation indienne (docs 1, 2 et 3)
C. De multiples atouts à valoriser (doc. 1)

II. **Une émergence fragile : un géant aux pieds d'argile**

A. Une ouverture indienne récente... (doc. 1)
B. ... confrontée au fort peuplement... (docs 1, 4 et 5)
C. ... et aux tensions (docs 1 et 5)

III. ***Glooming India** ? Le reflet en négatif de l'Inde qui « brille »**
* De « *gloom* » : obscurité

A. Une pauvreté persistante à échelon national (docs 4 et 5)
B. Marginalisation sociale : les déconnectés de la société indienne (docs 3, 4 et 5)
C. Le « grand écart » à plus grande échelle : inégalités et divisions socio-spatiales (docs 2, 4 et 5)

NB : Lorsque vous réalisez votre plan détaillé au brouillon, indiquez de manière très visible (en rouge par exemple) pour chaque argument les documents qui sont convoqués (*cf.* exemple *supra*), cela permet de vérifier que l'on traite bien tous les documents du corpus et de ne pas oublier de faire référence aux documents au moment de la rédaction.

Conclusion :

→ Réponse à la problématique : « *Shining India* » et *Glooming India* ne sont finalement que deux facettes du processus d'intégration de l'Inde à la mondialisation qui par nature connecte des territoires de plus en plus lointains mais aussi les hiérarchise. Ces conséquences socio-spatiales de la mondialisation sont encore plus vraies dans le cas indien par la masse de cet espace quasi-continental et par la rapidité avec laquelle l'Inde s'est intégrée à la mondialisation. Ce « grand écart » indien (F. Landy, 2007) est encore plus marqué à grande échelle avec l'exacerbation des inégalités et des divisions socio-spatiales. L'Inde fait alors figure de modèle paroxystique de l'intégration d'un territoire dans la mondialisation.

→ Ouverture : modèle qui serait incomplet si l'on n'y intégrait pas le rôle des migrations diasporiques indiennes.

Quatrième étape : exploiter un ou plusieurs documents pour une production graphique

Il est vivement conseillé de réaliser une production graphique à partir de document(s) du corpus. Si vous avez un extrait de carte dans ce dernier, vous pouvez par exemple réaliser un schéma. De même les informations d'un tableau de statistiques peuvent être utilisées pour réaliser un graphique (*cf. infra*). L'objectif étant de rendre plus intelligibles les données brutes et peu hiérarchisées de certains documents.

Exemple : « Shining India ? »

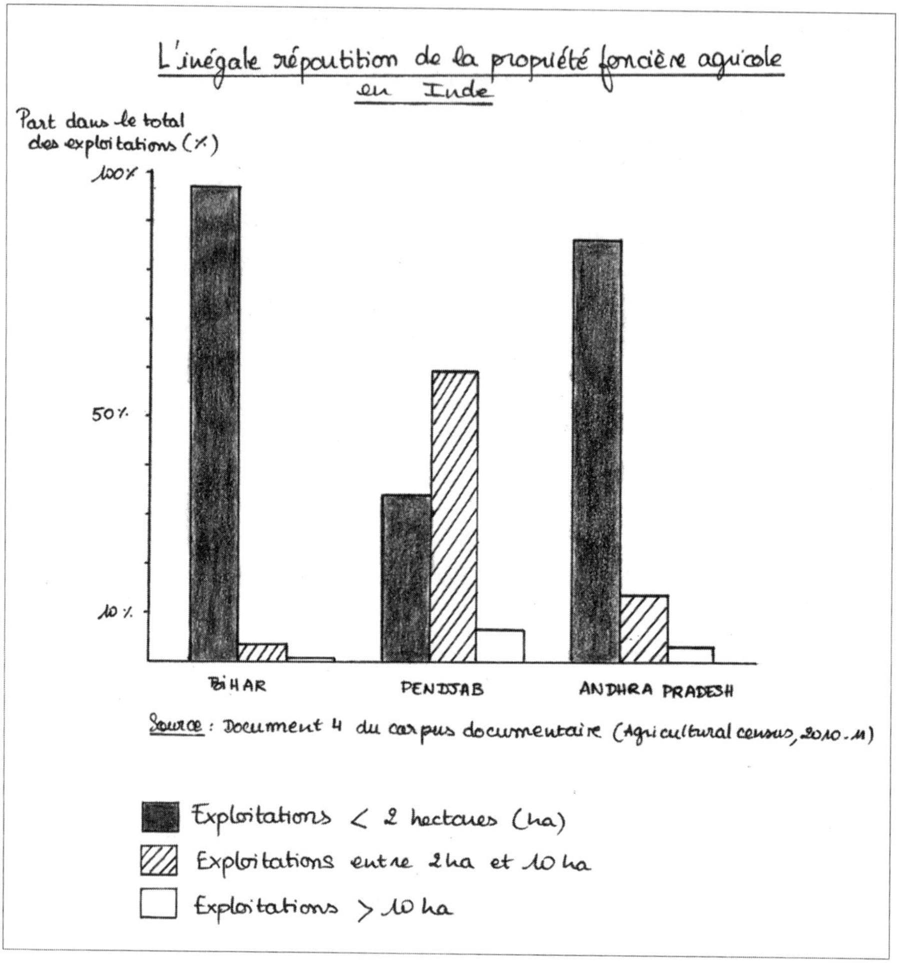

Pour progresser dans votre maîtrise de l'exercice du commentaire de documents en géographie vous pouvez vous aider de la grille d'évaluation suivante :

Évaluation – Commentaire de documents

- **Titre du devoir :**

Capacités à maîtriser	Acquis	En cours d'acquisition	Non acquis
Analyser, confronter les documents et les mettre en relation avec une question géographique.			
Chaque document est présenté : – Nature, auteur, source, date et contexte sont convoqués au fil du devoir de manière pertinente.			
Les informations sont prélevées et hiérarchisées : – Faits, exemples et citations sont judicieusement intégrés à l'argumentation.			
Chaque document est mis en relation avec les connaissances : – Le document est le point de départ de la réflexion et est expliqué grâce aux connaissances (pas de récitation de cours déconnectée des documents, ni de paraphrase).			
Mise à distance critique du document : – Mise en évidence des points de vue adoptés par les documents. Pas de prise de position.			
Les documents sont confrontés les uns aux autres : – Mise en évidence de ce qui unit, complète ou oppose les documents.			
Les connaissances clés et les notions clés sont maîtrisées : – Pas d'oubli majeur ou de hors-sujet.			
Une réponse structurée est apportée au sujet : – La synthèse est problématisée, en lien avec le corpus documentaire. – Elle est composée d'une introduction, de deux ou trois parties qui permettent de répondre clairement à la problématique et d'une conclusion. – Qualité des transitions.			
Développer son expression personnelle.			
Qualité du vocabulaire : – Un vocabulaire spécifique à la géographie est utilisé.			
Orthographe et syntaxe : – Pas ou peu de fautes. Les phrases sont clairement construites.			
Fluidité de l'expression : – Variété des connecteurs logiques, qualité du style, ponctuation.			
Qualités formelles de la copie : – Le texte est clair dans sa présentation. Écriture soignée.			

Savoir reconnaître des projections

Une carte est la représentation sur une surface plane d'un phénomène spatial de tout ou partie du globe terrestre. Il y a donc une apparente incompatibilité entre la représentation plane et son modèle sphérique. Ce que vous devez bien avoir à l'esprit, que ce soit au moment de l'analyse de cartes ou au moment de la réalisation d'un croquis, c'est que vous êtes face à une déformation de la réalité. Une déformation nécessaire qui passe par le biais d'une projection. Il y a trois grands types de projections qui sont fonction du type de surface de projection utilisée pour représenter la région voulue.

- La **projection cylindrique** : la surface terrestre est projetée sur un cylindre tangent à l'équateur. C'est le cas de la projection dite « Mercator ».

Mercator : du nom du flamand Gerardus Mercator du XVIe siècle qui inventa cette projection. La principale caractéristique de cette projection est que les méridiens sont perpendiculaires à l'équateur (il s'agit donc d'une projection « conforme », c'est-à-dire qu'elle respecte les angles). Avantage de cette projection : elle permet de représenter de manière plus lisible les trajectoires des navires. Inconvénient : les hautes latitudes sont très déformées (sur le globe les méridiens finissent par se joindre aux pôles alors que sur une carte Mercator les méridiens sont des parallèles et ne peuvent donc se croiser). Ainsi le Groenland est, sur la carte, presque aussi grand que l'Afrique alors qu'en réalité cette dernière est quatorze fois plus étendue.

Projection Mercator et ses déformations

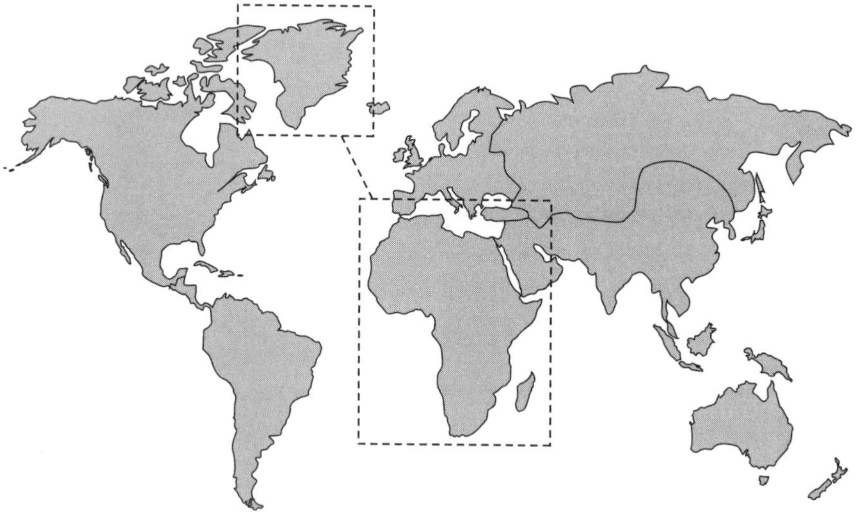

***Mollweide** (ou projection homolographique) : du nom de son inventeur, le prussien Karl Brandan Mollweide au début du XIXe siècle. Cette projection est « équivalente », c'est-à-dire qu'elle a l'avantage de davantage respecter les surfaces par rapport à la Mercator. Elle est facilement reconnaissable car un planisphère Mollweide est en forme d'ellipse (les parallèles à l'équateur sont moins longs plus on approche des pôles ; et les méridiens sont équidistants). Inconvénient : les surfaces de terre sont surtout respectées au centre du planisphère et les plus éloignées sont davantage déformées.*

Projection Mollweide

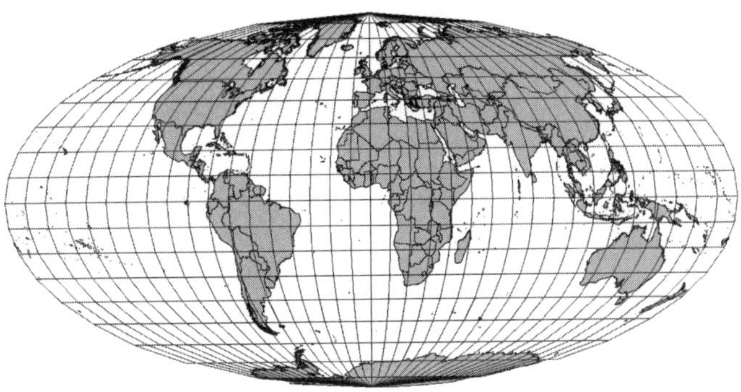

➡ La **projection conique** : la surface terrestre est projetée sur un cône tangent à un parallèle. Plus on s'éloigne du parallèle de contact plus les espaces représentés sont déformés.

Projection Lambert, une projection conique

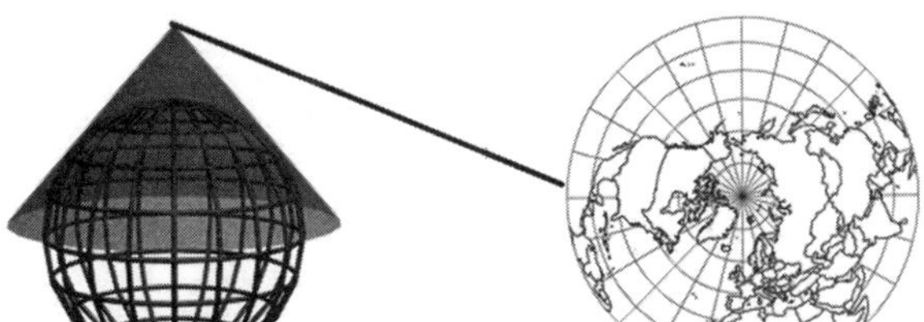

Projection conique *Lambert*

➡ La **projection azimutale** : la surface terrestre est projetée sur un plan tangent à un point. Les parallèles sont alors des cercles concentriques. Les projections polaires (plan tangent au pôle) déforment logiquement les moyennes et basses latitudes, mais elles sont très utiles pour représenter les flux de la mondialisation par exemple.

De l'utilité d'une projection polaire (planisphère du bas)

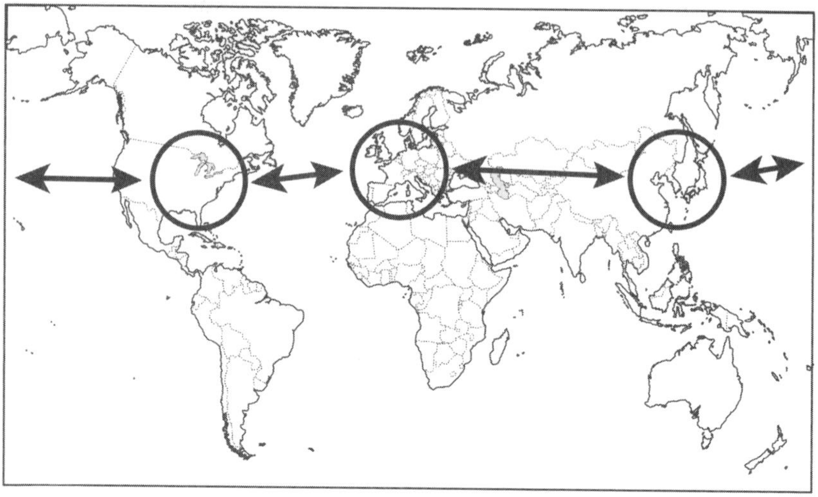

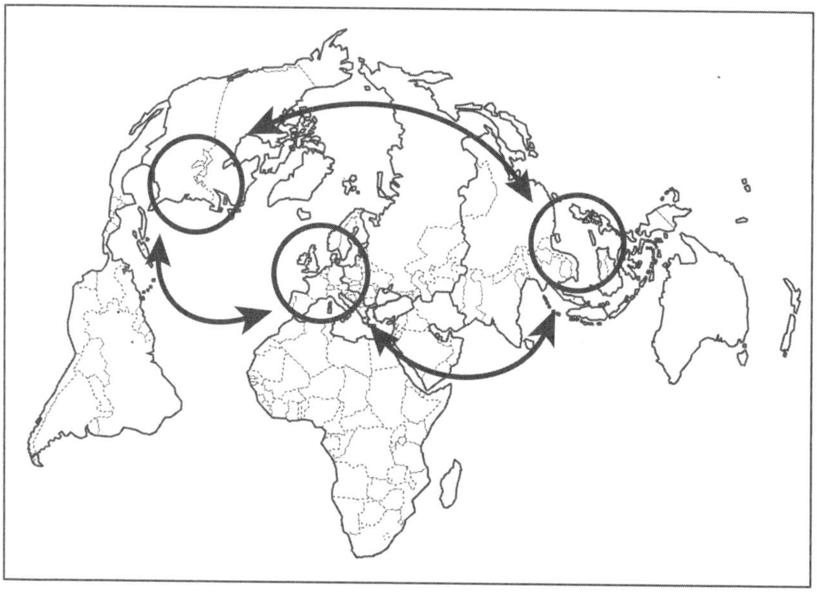

➠ **Pourquoi est-ce important de savoir reconnaître une projection ?**

Les projections et les déformations qu'elles entraînent ne sont pas choisies au hasard. Ce choix, une fois repéré, permet bien souvent de comprendre le point de vue du cartographe sur le phénomène représenté. On parle même de « rhétorique graphique » (C. Grataloup, 2011).

De même, en fonction de ce que vous souhaitez représenter, vous n'opterez pas pour la même projection, ni pour le même centrage : il s'agit bien de mettre en scène le monde (C. Grataloup, 2011).

Les principaux centrages possibles

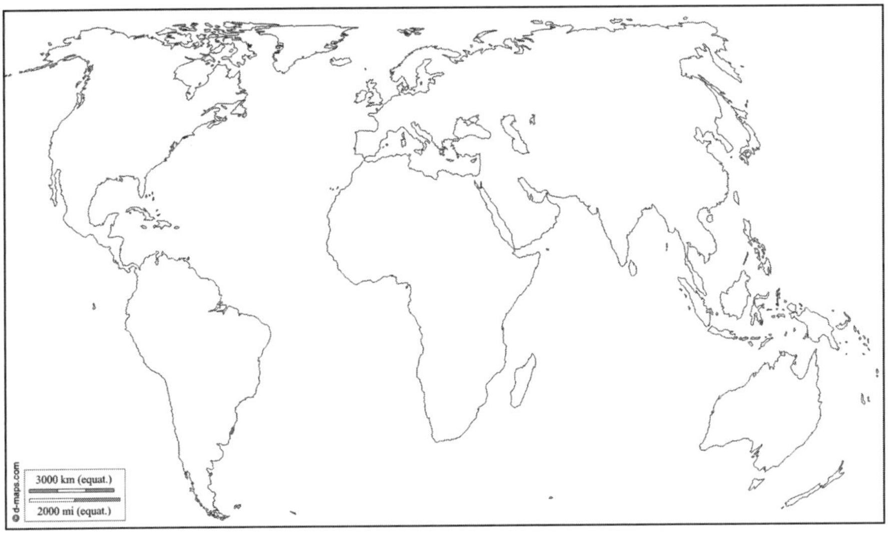

européano-centré

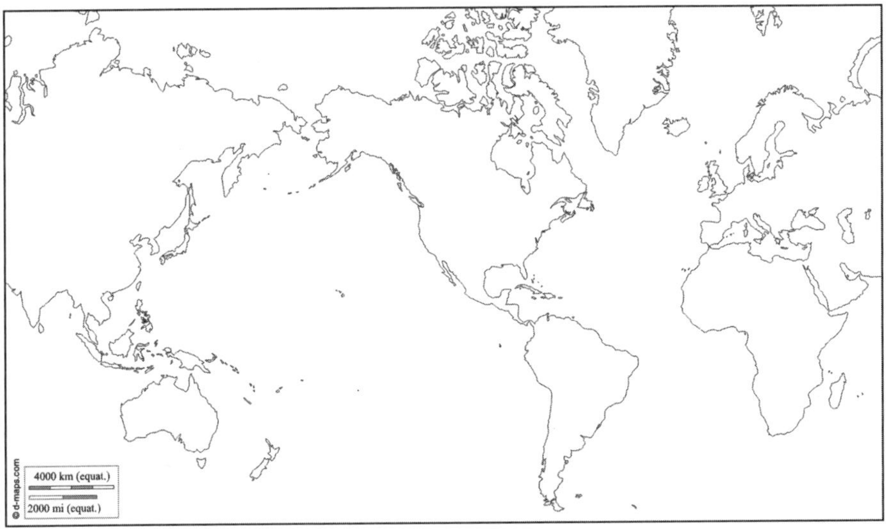

américano-centré

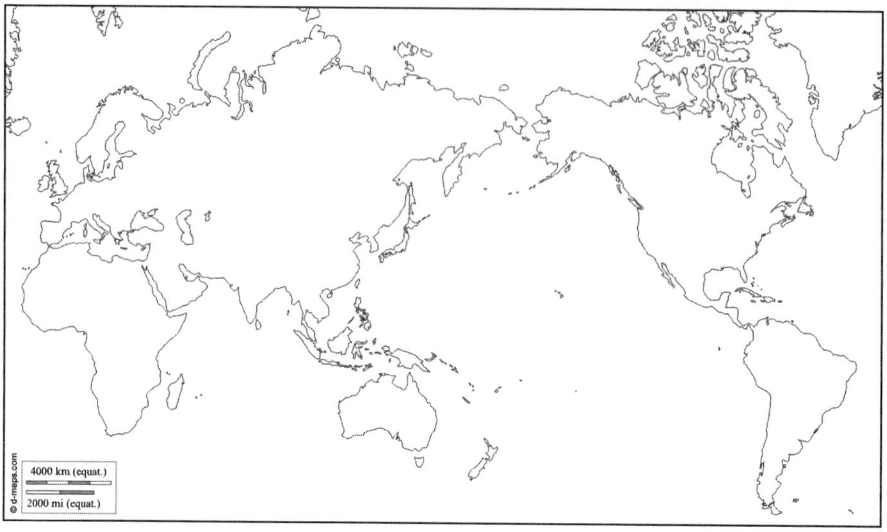

pacifico-centré

CHAPITRE 3.
L'exposé à Sciences Po

I. Qu'est-ce qu'un exposé ?

Principes généraux

L'exposé consiste en une présentation orale d'une réponse argumentée à une question donnée. Doté d'un temps limité, l'exposé est un exercice contraint. Il appelle des qualités de fond autant que de forme. C'est une des modalités classiques d'évaluation des étudiants à Sciences Po qui met un point d'honneur à former ses élèves à l'expression orale. Généralement, l'exposé est suivi d'une interrogation au cours de laquelle l'enseignant cherche à faire approfondir par l'exposant les points de sa présentation. Enfin, l'enseignant délivre une correction de l'exposé. L'ensemble « interrogation + correction » forme ce que l'on appelle la « reprise ».

Existe-t-il une différence entre les exposés d'histoire et de géographie ?

Le principe de l'exposé diffère peu entre l'histoire et la géographie même si le recours à des illustrations, notamment cartographiques, est peut-être plus important en géographie qu'en histoire. Ce qui change, naturellement, ce sont les modalités de réponse à la question posée : l'approche est spatiale en géographie tandis qu'elle est diachronique en histoire.

Les quatre situations d'exposé à Sciences Po

Partant de ces grands principes, il existe quatre situations possibles d'exposé : l'exposé individuel présenté en classe, l'exposé de groupe présenté en classe, le contre-exposé et l'exposé individuel présenté lors d'un examen.

L'exposé individuel en classe

L'exposé individuel présenté en classe est l'exercice sur lequel l'étudiant a le plus de prise. En effet, sa présentation en classe ne dépend que de son propre travail. Ce travail est d'ailleurs réalisé bien en amont de la séance, à la bibliothèque et chez soi, puisque les exposés sont généralement programmés plusieurs jours sinon semaines à l'avance. Ainsi, le jour J, l'étudiant arrive avec son exposé déjà prêt et n'a plus qu'à le présenter à ses camarades et à son enseignant le moment venu.

L'exposé de groupe présenté en classe

Une autre forme d'exposé existe : l'exposé de groupe. Là encore, le travail est préparé en amont. La différence fondamentale réside dans le nombre de personnes destinées à prendre la parole au cours de la présentation. Il faut bien s'assurer, longtemps avant le jour J, auprès de l'enseignant, du nombre d'exposants attendu. En effet, si le groupe préparant l'exposé peut être constitué de deux, trois ou quatre personnes (rarement plus), cela n'emporte pas comme conséquence automatique que tous les membres du groupe parleront le jour J. L'enseignant peut soit attendre qu'une sorte de porte-parole du groupe soit désigné, soit que tous les étudiants s'expriment, aussi bien pendant la présentation que pendant la reprise.

De la même manière, la note peut être collective – c'est évident si un seul porte-parole est désigné – ou bien individuelle. Mais dans un cas comme dans l'autre, il faut bien garder à l'esprit que la défaillance d'un seul membre du groupe peut être préjudiciable à toute l'équipe. Il faut donc se montrer solidaire et travailler en bonne intelligence du début à la fin. Se voir trois fois en groupe semble un bon chiffre : la première fois permet de réaliser le *brainstorming* sur le sujet et de se répartir le travail ; la deuxième fois correspond à un point d'avancement et à un repérage des éventuels difficultés et ajustements nécessaires ; la troisième fois, enfin, a pour but de répéter la prestation orale. Quoi qu'il en soit, il ne faut pas oublier que l'exposé collectif forme un seul et même travail et ne doit pas apparaître comme une succession de deux ou trois mini-exposés individuels. Enfin, il est vivement recommandé que, quelle que soit la répartition de la parole prévue, l'ensemble des membres du groupe soit capable de soutenir oralement l'exposé dans son intégralité car l'absence d'un des membres de l'équipe le jour J n'entraîne qu'en de très *très* rares occasions l'annulation de l'exposé par l'enseignant.

■ Le contre-exposé

À proprement parler, il ne s'agit pas d'un exposé mais d'une reprise d'exposé effectuée par un étudiant sur la prestation d'un de ses camarades. Ce que l'on attend du contre-exposant, c'est de réaliser l'interrogation de l'étudiant à l'issue de son oral et parfois également de proposer une problématique et un plan alternatifs. Cet exercice difficile nécessite donc de disposer d'autant de connaissances que l'exposant et implique d'effectuer des lectures en bibliothèque. L'on peut, si on le juge opportun, collaborer avec l'exposant afin de réaliser cet exercice dans des conditions de bonne camaraderie. Il est évident que le contre-exposé ne doit en aucun cas apparaître comme un quelconque règlement de comptes personnels – une telle attitude serait sévèrement jugée par l'enseignant – et qu'il porte bien sur le travail intellectuel fourni et non sur la personne le présentant !

■ L'exposé individuel lors de l'examen

La dernière situation consiste en la présentation d'un exposé individuel lors d'un examen. À la différence des trois autres types d'exposés, celui-là est préparé en temps limité (généralement une vingtaine de minutes) et présenté dans la foulée devant un ou plusieurs examinateurs. Par conséquent, on attend là de l'étudiant qu'il mobilise les connaissances qu'il a accumulées tout au long du semestre, puisque de toute façon, cet exposé est préparé sans livre ou ressources numériques.

Au total, il s'agit bien d'un contrôle de connaissances. Pour le reste, il n'y a pas vraiment de différences avec l'exposé en classe, sinon que les questions de la reprise peuvent parfois porter sur d'autres points du programme afin de vérifier l'étendue des connaissances de l'étudiant en fin de semestre.

Comment dépasser ma timidité et réussir à parler devant tout le monde ?

À vrai dire, il n'existe pas de recette miracle. Toutefois, quelques astuces permettent de s'en sortir. Premièrement, il est toujours plus facile de présenter un propos que l'on maîtrise. Une bonne conception intellectuelle de l'exposé est donc un prérequis pour se sentir à l'aise. Ensuite, il faut veiller à ne pas placer trop d'enjeu là où il n'y en a finalement que peu : cet n'exposé n'est jamais qu'un seul parmi une très longue série ! Cela vaut pour l'étudiant, pour ses camarades et pour l'enseignant qui en a vus et en verra encore bien d'autres. Cela ne reste donc qu'un exercice qui doit permettre à l'étudiant d'être un bon orateur... à la fin de ses études ! Il faut donc rester indulgent avec soi-même, pourvu que l'on garde à l'esprit l'envie de progresser. Enfin, il faut lâcher prise : la veille de l'exposé, défense de tergiverser et de tout recommencer ! Une dernière relecture et un dernier entraînement à l'oral peuvent s'imposer, mais rien de plus.

Les grandes étapes

Pour préparer un exposé, toutes les étapes sont les mêmes que pour préparer une dissertation à un détail près, le plus important : il faut s'entraîner à présenter oralement son travail. Pour cela, quelques bonnes pratiques doivent être mise en œuvre.

La première est de ne pas écrire l'intégralité de son exposé. Figer des phrases complètement rédigées risque de conduire tout droit à la pire des situations : celle d'un étudiant qui lit sa feuille pendant dix minutes sans jamais tenter de captiver son auditoire. Or, il ne faut pas oublier que la forme compte autant que le fond lors de l'exposé. Il est donc conseillé de n'écrire qu'un plan détaillé ne comportant que peu de mots.

Deuxième astuce, il est très utile de pratiquer l'autoscopie. Il s'agit de se filmer pendant la répétition de son exposé. À l'issue de l'enregistrement, on se regarde et l'on décortique la prestation : débit de la voix, intonation, gestuelle, clarté du propos... L'on peut également soumettre la vidéo à un camarade de confiance ou à un proche pour connaître ses commentaires, à l'aune des mêmes critères. Si franchir le pas de l'enregistrement vidéo est trop difficile, répéter devant un miroir constitue un bon début. Quoi qu'il arrive, il est essentiel de se voir présenter son exposé et, au-delà de cet aspect, de le répéter plusieurs fois.

Dernier conseil, lors des répétitions, il faut bien veiller au temps et inscrire dans la marge le chronométrage des différentes parties. Surtout, il ne faut pas prendre le risque de ne pas tenir son temps. Il n'est pas rare qu'un enseignant coupe la parole d'un étudiant qui n'a pas fini son exposé dans le temps imparti.

Comment faire si j'ai mal géré mon temps ?

Il existe deux cas de figure : dans un cas, l'on constate en parlant que l'exposé ne tiendra pas dans le délai imparti ; dans l'autre, on finit un exposé trente secondes à une voire deux minutes avant la fin du temps disponible. Dans les deux cas, rien n'est insurmontable, à condition de redresser la barre immédiatement.

Dans le cas d'un exposé trop long, il faut, en direct, réadapter son propos en réduisant ce que l'on va dire dans chaque sous-partie. Quoi qu'il en soit, il faut arriver au dernier mot de sa conclusion avant la fin du temps disponible.

Dans le cas d'un exposé trop court, il peut être judicieux d'avoir sous la main un document en lien avec le sujet dont on peut réaliser le commentaire au moment de la conclusion, en guise d'ouverture. Cela suppose d'y avoir réfléchi avant d'arriver en classe.

En revanche, dans les deux cas, il est fortement déconseillé d'altérer son débit de voix – parler plus vite si l'exposé est trop long et moins vite s'il est trop court. Cela apparaîtrait comme une ruse désastreuse sans enlever de l'esprit de l'enseignant l'idée que l'étudiant n'a pas maîtrisé son temps de parole.

II. L'exposé : questions fréquentes

Pour finir, voici une série de questions que se posent généralement les étudiants au sujet de l'exposé.

À qui s'adresse l'exposé ?

L'exposé fait partie de la progression pédagogique de toute la classe ou conférence de méthode. Il est certes évalué par l'enseignant – donc un spécialiste – mais il doit permettre à tous les étudiants d'enrichir leurs connaissances. Il s'agit donc d'être clair et pédagogue.

Comment s'habiller ?

Certains étudiants se posent parfois cette question. Autant y répondre simplement : il n'y a pas de tenue spécifique à porter. Ni un costume ni un tailleur n'est nécessaire. En revanche, il est préférable de privilégier une tenue confortable et surtout de bannir tout ce qui pourrait faire penser à une tenue de plaisancier : short, tongs, jogging...

Faut-il présenter son exposé assis ou debout ?

De façon générale, si l'enseignant ne dit pas explicitement que l'on peut s'asseoir, il faut rester debout (sauf en cas de handicap ne le permettant pas, bien évidemment). Si en revanche il laisse le choix à l'étudiant, ce dernier doit privilégier la posture dans laquelle il se sent le plus à l'aise en gardant bien à l'esprit qu'être assis ne signifie pas être avachi et qu'être debout ne veut pas dire être voûté sur ses notes en faisant les cent pas. L'on n'oubliera pas non plus qu'être debout permet une présentation plus dynamique mais qu'en cas de trac ou de timidité, il est plus difficile de masquer son trouble et ses manifestations telles que les petits tremblements. En tout état de cause, si l'enseignant impose une posture, il est préférable de ne pas la discuter. Enfin, il peut arriver que l'on propose à l'étudiant de s'asseoir pendant la reprise. Il n'est pas inconcevable, dans ce cas, d'accepter tout en restant concentré et en ne se relâchant pas, l'interrogation faisant partie de ce qui est évalué.

Peut-on garder ses notes avec soi ?

Cela dépend de la consigne. Certains enseignants imposent l'exposé sans notes. Il faut donc l'apprendre par cœur et bien le répéter.

Si l'on a le choix, plus l'on se détache de ses notes, plus l'exposé est dynamique et donc agréable à écouter. Il est donc conseillé d'apprendre très tôt à s'en dispenser. Pour peu que l'étudiant maîtrise très bien son sujet, ne pas du tout utiliser de notes peut être fortement valorisé par l'enseignant au moment de l'évaluation. Parler sans notes constitue donc un objectif à terme, même si au départ ces dernières peuvent s'avérer rassurantes.

Faut-il faire apparaître son plan ?

La réponse est claire et nette : oui.

L'auditoire d'un exposé doit pouvoir disposer de la totalité du plan de l'exposé dès le début de la présentation. Il est recommandé de l'imprimer en autant d'exemplaires que de membres de la classe plus l'enseignant et de le distribuer au début de l'exposé. D'ailleurs, ce document peut aussi servir de support à la bibliographie qu'il faut de toute façon remettre à l'enseignant.

Faut-il diffuser un diaporama numérique ?

Si l'enseignant l'exige, la réponse est forcément oui.

Si tel n'est pas le cas, le choix est laissé à la libre appréciation de l'étudiant. Dès lors, il ne faut pas sous-estimer le temps que cela prend de réaliser un bon diaporama numérique. Surtout, il faut respecter quelques règles : écrire dans une police de caractère suffisamment lisible de loin (police 14, minimum), soigner la présentation générale, veiller à la qualité des images – lesquelles ne doivent pas être pixélisées – et enfin citer les sources de toute image reproduite. Pour finir, il ne faut pas faire reposer l'ensemble de sa prestation orale sur le diaporama numérique et être capable d'assurer sa présentation même sans ce dernier : une panne informatique est vite arrivée qui en empêcherait la diffusion. Il ne faut donc pas se laisser surprendre par une telle situation.

TROISIÈME PARTIE

Se constituer une culture géographique et historique : notions et repères

CHAPITRE 1.
Parlez-vous géographe ?

I. De l'importance des mots en géographie

Nombreux sont les ouvrages en géographie qui portent sur le vocabulaire spécifique à cette discipline et nombreux sont les dictionnaires de géographie (*cf.* « Trouver l'information : les ressources »). En effet, pour pouvoir réussir en géographie, il faut parler « géographe ». Cela implique un important apprentissage lexical au départ, mais une fois les notions de base acquises, la géographie devient une discipline où l'on se sent bien.

Pour appréhender un chapitre, un programme, un de vos meilleurs alliés sera le répertoire (*cf.* « Du cours à la fiche »), bref, faites votre propre dictionnaire de géographie qui sera votre passeport en terre des géographes !

II. Les notions fondamentales de la géographie à découvrir, à connaître et à aimer !

Les trois paradigmes de la géographie

Un paradigme est l'ensemble des savoirs scientifiques accepté par la plupart des chercheurs et qui offre, avant qu'un autre paradigme ne le remplace, une certaine clé de lecture du monde. En d'autres termes un paradigme est un cadre conceptuel de référence.

En géographie, il est possible de définir trois paradigmes qui structurent la discipline et qui correspondent également à l'évolution de la discipline (*cf.* « La géographie, cette inconnue »). Ces trois paradigmes renvoient aux relations sociétés-environnement (notions de milieu et d'environnement), à la spatialité des sociétés (notion d'espace) et à la territorialité (notion de territoire).

■ Le paradigme « milieu »/« environnement »

Le milieu est, selon Jacques Lévy (2003), l'ensemble des conditions à la fois biologiques et sociales qui peuvent agir sur le comportement d'un groupe humain qui lui, en retour, peut agir sur ces conditions. Ce paradigme est fondateur de la discipline et est étroitement lié à la géographie physique (*cf.* « La géographie, cette inconnue ») et au courant vidalien dont la réflexion s'est articulée autour des relations verticales entre les sociétés et le milieu naturel. De ce fait, la notion de milieu a été mise à l'écart au moment de la remise en cause de la géographie classique, ou vidalienne, à partir des années 1960, au profit de celle d'environnement. L'environnement permet également de traiter ce dans quoi s'insèrent les groupes humains, mais sans la connotation naturaliste qu'a pu avoir la notion de « milieu ». Si aujourd'hui la notion de milieu a été renouvelée, prenant également en compte les aspects sociaux (*cf.* définition de Jacques Lévy), celle d'environnement continue d'avoir autant de succès car elle permet d'intégrer la notion plus récente de développement durable qui, elle, s'est imposée à partir des années 1990.

Le paradigme « espace »

L'espace est une portion de la surface terrestre. Les études reliées au paradigme de la spatialité ont pour objet l'inscription des sociétés dans l'espace géographique. En d'autres termes, il s'agit d'analyser l'organisation par les sociétés de l'espace géographique, à savoir la localisation, la distribution des sociétés et de leurs activités, et des processus qui ont amené ce résultat. En effet, la distribution des sociétés n'est pas aléatoire : elle répond à des règles, à des lois qui déterminent des processus. L'approche, dans ce paradigme, est donc éminemment structuraliste et fait la part belle aux systèmes. C'est dans ce cadre que s'est épanouie la « Nouvelle Géographie » et en particulier l'analyse spatiale. On peut ainsi penser à la chorématique de Roger Brunet qui met en évidence une structuration des espaces en point, surface et ligne (*cf.* l'encadré « La chorématique »).

Le paradigme « territoire »

Un territoire est un espace approprié par un groupe social. La notion de territoire n'est pas propre à la géographie puisqu'elle trouve son origine en biologie et en particulier dans la science des comportements des espèces animales (l'éthologie). En effet, l'animal limite, par instinct, son espace et cet espace est qualifié par les biologistes de territoire. Claude Raffestin (*Espace et politique*, 1984) définit le territoire comme la traduction d'une appropriation économique, politique, idéologique de l'espace par des groupes qui se donnent une représentation d'eux-mêmes, de leur histoire et de leur singularité.

Le paradigme « territoire » est le plus récent dans l'évolution disciplinaire de la géographie, puisque la notion s'est développée dans les années 1980 à partir du concept d'espace vécu (Armand Frémont, *La Région, espace vécu*, 1972) qui désigne la relation subjective entre les hommes en société et l'espace. Pour Guy Di Méo (*Géographie sociale et territoires*, 1998), le concept de territoire suppose quatre dimensions :

- L'appartenance de l'individu au groupe puisque le territoire est essentiellement le résultat d'une appropriation collective.
- Le contrôle de l'espace et donc son maillage et la mise en place corollaire de limites.
- Une représentation sociale : le territoire étant aménagé est chargé d'une forte signification symbolique en lien avec la construction identitaire du groupe.
- Une perspective temporelle : le territoire est un produit du temps long.

Ce paradigme, aujourd'hui prégnant, est particulièrement mobilisé en géopolitique ou encore dans la géographie culturelle car il permet de rendre compte des questions d'appartenance et des représentations.

> « Le territoire peut être défini comme l'envers de l'espace. Il est idéel et même souvent idéal, alors que l'espace est matériel. Il est une vision du monde avant d'être une organisation ; il ressort plus de la représentation que de la fonction, mais cela ne signifie pas qu'il soit pour autant démuni de structures et de réalité. Il a des configurations propres, variables selon les sociétés et les civilisations, mais sa réalité ressort plus de l'analyse culturelle, historique et politique que proprement économique. [...]
> Le territoire n'est donc pas nécessairement le contraire de l'espace géographique, il le complète. C'est un ailleurs, à deux dimensions : une unité d'enracinement constitutif de l'identité et, au-delà encore, un enjeu politique. »
>
> « Le territoire, nouveau paradigme de la géographie humaine ? »,
> Joël Bonnemaison, 1995.

La notion de territoire rencontre néanmoins des critiques liées à sa banalisation. Christine Chivallon rappelle ainsi que toute relation à l'espace ne se résume pas nécessairement à la production de territoires : « le territoire ne serait pas le mode de relation à l'espace, mais un mode parmi d'autres... Cela revient à rompre avec la conception du territoire comme invariant géographique de l'expérience sociale. » (« Fin des territoires ou nécessité d'une conceptualisation autre », *Géographie et culture*, 1999).

Autres notions indispensables !

Agglomération : espace urbain regroupant une ville-centre et ses banlieues.

Aléa : phénomène naturel, technique ou sanitaire qui peut être à l'origine d'une catastrophe (exemples : cyclone, tempête, vague de froid...).

Aménagement : ensemble des actions concertées visant à disposer avec ordre les habitants, les activités, les constructions, les équipements et les moyens de communication sur l'étendue d'un territoire. L'aménagement est une entreprise volontaire, initiée par les pouvoirs publics.

Banlieue : ensemble de l'espace bâti qui entoure, avec une certaine continuité, la ville et qui constitue ainsi la couronne extérieure de la ville. Étymologiquement, la notion de banlieue renvoie à un territoire autour de la ville médiévale, distinct de la ville, sur lequel s'exerce la domination de la ville (le ban). Selon Hervé Vieillard-Baron (2001), la banlieue a aussi, et en particulier en France, une signification symbolique qui tient à la marginalité et au discrédit qui pèsent sur certaines banlieues avec de grands ensembles dévalorisés.

Catastrophe : crise qui se traduit par d'importants dégâts aux personnes et aux biens. Elle est la réalisation du risque.

Centre : en géographie la notion ne se définit pas géométriquement (« être au milieu ») mais qualitativement : un centre est un lieu qui compte (sur plusieurs plans : démographie, richesses, infrastructures...). Autrement dit, et selon Roger Brunet *et al.* (1992), un centre est un « point autour duquel se distribuent des phénomènes dans l'espace ». Ce point exerçant une attraction et rayonnant de façon plus ou moins puissante sur une étendue plus ou moins vaste. Il est également le « lieu de la décision et des pouvoirs » et en cela engendre des rapports de domination avec sa périphérie.

Conurbation : groupement de villes (ou d'agglomérations) proches les unes des autres, chaque ville demeurant individualisée.

Densité de population : nombre d'habitants par unité de surface.

Développement durable : « développement qui répond aux besoins du présent sans compromettre la capacité des générations futures à répondre aux leurs », rapport Brundtland (1987).

Diaspora : originellement le terme de « diaspora » provient du mot grec signifiant « dispersion », « éparpillement ». Il est apparu au IIIe siècle avant J.-C. dans la traduction grecque de la Bible hébraïque. Les origines du terme sont donc religieuses et font référence à la diaspora juive. Si l'on suit la logique de l'exemple originel qui fonde le terme de diaspora, la diaspora est l'ensemble des communautés dispersées, séparées par des distances qui peuvent être considérables, partageant une même identité, une culture de la mobilité où le mythe du retour tient une grande place, et liées par des échanges d'informations, de personnes, de pouvoirs, de capitaux, de marchandises, d'idées.

Cette acception de la notion de diaspora est la plus restreinte et actuellement la tendance est à une acception plus large : la diaspora comme un ensemble d'individus se reconnaissant une même origine, répartis dans divers lieux à travers le monde et qui sont en relations étroites les uns avec les autres grâce à une organisation réticulaire complexe (M. Bruneau, 2004 ; E. Ma Mung, 2000). Le sentiment d'appartenance à une communauté, la transmission d'une mémoire collective et la promotion de la solidarité familiale constituent les éléments d'unité d'une communauté dispersée géographiquement. Cette acception moins restreinte et plus répandue actuellement permet de comprendre la dispersion géographique d'un corps social comme une ressource.

Échelle : une échelle est le rapport entre les distances sur la carte et les distances réelles. Sur une carte l'échelle est toujours représentée, en général sous la forme d'une graduation métrique ou d'une fraction (longueur sur la carte : longueur sur le terrain réel, exprimées en général en cm). Exemple : pour une carte au 1:25 000 (lire « un vingt-cinq-millième »), un centimètre sur la carte représente 25 000 cm, soit 250 mètres, dans la réalité.

- Une carte à grande échelle (exemples : 1:50 000, 1:25 000...) est une carte qui permet de voir plus de détails mais moins de superficie.
- Une carte à petite échelle (1:500 000, 1:10 000 0000) est une carte où l'on voit plus de superficie terrestre et moins de détails.

De l'échelle cartographique a dérivé la notion d'échelle comme indicateur de dimension de l'espace considéré :

- échelle mondiale : on considère l'espace du monde (planisphère) ;
- échelle régionale : on considère l'espace d'une région ;
- échelle locale : on considère l'espace d'un lieu.

Pour passer de l'échelle mondiale à l'échelle locale, on effectue en quelque sorte des « zooms ».

Le discours géographique se fonde sur un « jeu d'échelles » : les règles d'organisation spatiale ne sont pas les mêmes selon les échelles, il s'agit donc de montrer leurs articulations.

De la Rigueur de la Science

En cet empire, l'Art de la Cartographie fut poussé à une telle Perfection que la Carte d'une seule Province occupait toute une ville et la Carte de l'Empire toute une Province. Avec le temps, ces Cartes Démesurées cessèrent de donner satisfaction et les Collèges de Cartographes levèrent une Carte de l'Empire, qui avait le Format de l'Empire et qui coïncidait avec lui, point par point. Moins passionnées pour l'Étude de la Cartographie, les Générations Suivantes réfléchirent que cette Carte Dilatée était inutile et, non sans impiété, elle l'abandonnèrent à l'Inclémence du Soleil et des Hivers. Dans les Déserts de l'Ouest, subsistent des Ruines très abimées de la Carte. Des Animaux et des Mendiants les habitent. Dans tout le Pays, il n'y a plus d'autre trace des Disciplines Géographiques.

Suarez Miranda, *Viajes de Varones Prudentes*,
Lib. IV, Cap. XIV, Lerida, 1658.

Source : J. L. Borges, *L'auteur et autres textes*, Paris, Gallimard, 1982.
Publication originale à Buenos-Aires en 1946.

→ *Ce texte littéraire de l'écrivain argentin Jorge Luis Borges, souvent cité dans des ouvrages de géographie, rend compte poétiquement des limites de la cartographie à travers ce récit de cartographes trop ambitieux qui en réalisant une carte à l'échelle 1:1, c'est-à-dire aux dimensions du réel, provoquent la disparition de la géographie dans cet empire imaginaire.*

Edge-city : centres spécialisés dans des activités tertiaires situés à proximité d'espaces résidentiels de périphérie. Le concept a émergé aux États-Unis dans les années 1940 (C. Harris et E.L. Ullman) et a été repris par la suite par Joël Garreau (1991).

Environnement : milieu physique aménagé qui est à la fois ressources, contraintes et risques pour les populations.

Équateur : cercle dont tous les points sont à égale distance des pôles. La ligne de l'équateur est perpendiculaire à l'axe qui relie les deux pôles. L'équateur partage la Terre en deux demi-sphères : l'hémisphère Nord et l'hémisphère Sud.

Espace : portion de la surface terrestre.

État-nation : État (système politique et administratif qui contrôle et organise une société) qui correspond à la territorialisation d'une nation (ensemble d'individus qui partagent des caractéristiques communes et qui ont la conscience de former une communauté).

Fragmentation : selon Françoise Navez-Bouchanine (2002), l'identité sociale portée par la ville éclaterait pour laisser place à des fragments urbains sans cohérence d'ensemble. Cette perte d'un sens global, du « tout organique » de la ville, apparaît liée à l'accroissement de la précarité et des écarts sociaux causé par le passage à une économie postfordiste et à la métropolisation.

La fragmentation est de quatre types :

- Spatiale : les relations physiques entre les différentes parties de la ville sont affaiblies. Fermeture et discontinuités spatiales avec les *gated communities* par exemple. Il est cependant rare qu'il y ait une fragmentation totale spatiale.
- Économique : certains quartiers sont exclus du système économique de la métropole. Exemple du CBD (*Central Business District*) qui entretient plus de relations avec d'autres CBD plutôt qu'avec son « arrière-pays ».
- Politique : difficulté de gérer les villes comme une totalité car les différents « morceaux » de ville ne dépendent pas de la même juridiction.
- Sociale : dualisation sociale (augmentation des deux extrêmes sociaux). La fragmentation sociale signifie que la ville ne fait plus sens pour tous ses habitants.

Frontière : limite d'un territoire. Cette limite peut avoir la forme d'une ligne, d'une zone ou d'un point (exemple : aéroport international d'un pays). La frontière est une interface.

Gated community : les *gated communities* (littéralement les « communautés fermées ») se sont développées en Floride à la fin des années 1960. Aujourd'hui, elles sont présentes à l'échelle mondiale. Ce sont des quartiers résidentiels fermés caractérisés par la présence de clôture, contrôle, surveillance et par une homogénéité sociale choisie. Il s'agit d'une fermeture sur soi d'une communauté dotée de services qui lui sont réservés.

Gentrification : terme que l'on pourrait traduire par « embourgeoisement ». La gentrification est la transformation d'une zone, en général du centre de la ville, habitée par des catégories populaires en une zone habitée par des classes moyennes, supérieures. Le terme de « gentrification » a été inventé par la sociologue britannique marxiste Ruth Glass en 1964 dans son analyse du centre-ville de Londres. Le processus de gentrification est plus ancien que l'invention du terme qui le qualifie : il y a des antécédents comme l'haussmannisation de Paris. Cependant, la gentrification émerge surtout plutôt dans les villes capitalistes de l'après-guerre en Grande-Bretagne (Londres) et aux États-Unis dans les années 1950 et 1960. Ce processus fut appelé à New York « *brownstoning* », à Baltimore « *homesteading* », à Toronto « *whitepainting* », à San Francisco « *red-brick-chic* ».

La gentrification s'opère de deux manières :

– Par la réhabilitation résidentielle du quartier et de son bâti par un groupe de gentrifieurs, appartenant souvent dans un premier temps aux classes créatives (artistes, intellectuels...) qui recherchent un cadre de vie anticonformiste et une mixité sociale.
– Par des constructions délibérées d'espaces dédiés aux classes moyennes dans la ville-centre, sous l'impulsion des pouvoirs publics.

Industrie : activité économique de production de biens (secteur secondaire).

Interface : limite qui d'une part sépare deux ensembles distincts et d'autre part provoque des échanges et des relations entre ces deux ensembles (exemples : littoral, frontière...).

Latitude : distance angulaire entre un point de la surface terrestre et l'équateur, comptée en degrés, minutes, secondes (au nord ou sud de l'équateur). Une latitude est donc parallèle à l'équateur. Plus le parallèle est proche de l'équateur, plus la latitude s'approche de 0° et de 90° à proximité des pôles.

Le calcul de la latitude peut se faire grâce à la détermination de la hauteur de certains astres comme l'étoile Polaire par rapport à la ligne d'horizon.

La latitude et la longitude forment les coordonnées géographiques d'un lieu.

Lieu : la plus petite unité spatiale. Il est un point de la surface terrestre défini par des coordonnées géographiques et identifié dans sa singularité (nom, fonction, sens...). Pour Bernard Debarbieux (1995), le lieu est une figure rhétorique du territoire (synecdoque). Il distingue trois types de lieux : le lieu attribut (exemple : la tour Eiffel), le lieu générique (exemple : une digue), le lieu de condensation sociale et territoriale (conjonction des deux premiers types de lieux ; exemple : le Panthéon).

Longitude : distance angulaire entre un point de la surface terrestre et le méridien de référence (*i.e.* le méridien de Greenwich, près de Londres), exprimée en degrés, minutes, secondes (à l'est ou à l'ouest du méridien de Greenwich). La longitude va de 0° (méridien de Greenwich) à 180° à l'est ou à l'ouest de ce méridien.

La latitude et la longitude forment les coordonnées géographiques d'un lieu.

Mégalopole : terme créé par Jean Gottmann (1961) qui désigne des ensembles urbains de taille exceptionnelle et regroupant quelques agglomérations plurimillionnaires reliées par de vastes espaces périurbains plus ou moins densément peuplés sur des centaines de kilomètres.

Mégapole : très grande agglomération. L'ONU a fixé le seuil à 10 millions d'habitants.

Métropole : grande ville concentrant populations, activités et richesses. Les métropoles sont les têtes de réseaux urbains à différentes échelles : régionale, nationale, mondiale. Leurs aires d'influence sont étendues. Elles constituent des portes d'entrée de la mondialisation et sont au point d'articulation entre le globe et les territoires locaux. Le renforcement de la place relative des métropoles depuis une vingtaine d'années dans le monde est traduit par le terme de métropolisation.

Selon François Ascher (2003), la métropolisation rime avec étalement, fragmentation et recomposition :

- **L'étalement** est permis par les communications et infrastructures de transport. Il a pour corollaire une dilatation de la ville : à la fois croissance interne et intégration dans le fonctionnement quotidien des villages et villes moyennes situés autour de l'agglomération.
- **La fragmentation** du tissu urbain à la fois morphologique (le tissu urbain n'est plus continu) mais aussi sociale.
- **La recomposition** tient à la modification des fonctions et hiérarchies des espaces qui composent la métropole.

Migration : terme d'origine latine qui renvoie au « passage d'un lieu à un autre ». Selon Patrick Poncet et Michel Lussault (2003), une migration est le déplacement d'un individu, ou d'un groupe, suffisamment durable pour nécessiter un changement de résidence principale et impliquant une modification significative de l'existence sociale quotidienne du (des) migrant(s). La migration suppose qu'une délimitation ou une frontière a été franchie.

Mobilité : la mobilité est un mouvement impliquant un déplacement, un changement de lieu physique mais aussi social et culturel. La mobilité suppose le franchissement d'une distance qui peut être sociale, psychologique, culturelle. On peut ainsi parler d'un capital de mobilité (capital économique, social, culturel, spatial) qui est variable selon les individus et les catégories sociales.

Mondialisation : processus de mise en relation des espaces à petite échelle. Elle est à la fois unification et division, mise en complémentarité et mise en concurrence, liaison et hiérarchisation. La mondialisation se traduit par des flux visibles et invisibles de plus en plus nombreux, qui relient des espaces de plus en plus lointains et de façon parfois instantanée (M.J. et F. Louveaux).

La mondialisation comporte plusieurs facettes :

- Économique avec les échanges de marchandises, de flux financiers et de modèles économiques et la division internationale du travail.
- Sociale avec l'augmentation des contrastes entre les « branchés » et les « exclus ».
- Politique avec l'affaiblissement des États-nations et la force accrue d'autres types d'acteurs : FTN (firmes transnationales), ONG (organisations non gouvernementales) et l'opinion publique.
- Culturelle avec la diffusion de modes, de produits mondiaux mais aussi l'affirmation des spécificités locales et les affirmations identitaires ;
- Spatiale avec l'urbanisation du monde et l'affirmation de la figure nouvelle de la grande ou très grande ville.

Nature : ce qui se produit sans l'intervention de l'homme.

Œkoumène (ou écoumène) : partie de la terre occupée par l'humanité.

Patrimoine : selon Olivier Lazzarotti (2003), le patrimoine est « ce qui est censé mériter d'être transmis du passé, pour trouver une valeur dans le présent ». La patrimonialisation est alors la « mise en patrimoine des lieux ». Elle n'est pas une conservation neutre puisqu'elle suppose des choix de la part des sociétés mais aussi des oublis.

Pays développés : pays caractérisés par une économie solide et dynamique et dont les sociétés bénéficient d'un haut niveau de vie.

Pays émergents : pays en voie de développement avec une récente et importante croissance économique comme la Chine ou le Brésil.

Pays en voie de développement : pays caractérisés par des fragilités structurelles sur les plans économique, politique et social.

Paysage : espace vu, représenté et perçu.

Périphérie : selon Alain Reynaud (1981), les périphéries sont des espaces sous la dépendance d'un centre. La relation centre/périphérie se traduit par un manque d'autonomie de l'espace désigné comme périphérie en matière décisionnelle, qui peut se traduire éventuellement, mais pas nécessairement, par un niveau de vie inférieur ou un moindre développement économique. Les périphéries spatiales ne sont pas inéluctablement des périphéries sociales.

Périurbain : selon Pierre George (1970), « espace rural situé en périphérie d'une ville et de sa banlieue et qui est l'objet de profondes transformations paysagères, fonctionnelles, démographiques, sociales, culturelles voire politiques ». Le périurbain se caractérise par une discontinuité territoriale vis-à-vis de l'agglomération et par une densité et diversité faibles (L. Cailly, 2003). L'extension des espaces périurbains est le résultat d'une production de l'espace urbain périphérique, liée aux aspirations nouvelles des citadins (accession à la propriété individuelle) et à la diffusion de l'automobile dans les années 1950 (importance des mobilités pendulaires). Le périurbain bouleverse les notions analytiques traditionnelles puisque pour Marc Dumont (2010), c'est la fin du couple ville-campagne.

PIB : produit intérieur brut. Ensemble de la richesse produite dans un pays pendant une année.

PNB : produit national brut. Ensemble de la richesse produite par un pays pendant une année (*i.e.* par les entreprises de ce pays qu'elles soient implantées à l'intérieur du pays ou à l'extérieur).

Productivité : rapport entre la production et les ressources mises en œuvre.

Rendement : rapport entre la production et l'unité de surface.

Réseau : terme qui renvoie étymologiquement au filet. Ensemble de lignes ou de relations aux connexions plus ou moins complexes. Un réseau est composé de mailles (élément de base d'un quadrillage) et de nodalités.

Risque : danger plus ou moins prévisible qu'un aléa fait courir à une population plus ou moins vulnérable.

Ségrégation : étymologiquement (*segregare* : séparer), ce terme désigne la mise à l'écart volontaire, opposant un acteur responsable et un individu qui la subit. Aujourd'hui l'acception du terme est plus large car il permet de rendre compte de tout état de séparation de groupes ethniques ou sociaux et la constitution d'aires ségréguées (E. Dorier-Apprill, 2001). Il recouvre à la fois :

- Les processus de relégation d'une population défavorisée, à l'instar des quartiers difficiles où se posent les questions d'exclusion économique et sociale, de stigmatisation et de peur réciproque. C'est une « ségrégation subie ».
- Les processus de mises à l'écart volontaires que l'on voit dans les « ghettos dorés » : résidences privées et *gated communities*. C'est une « ségrégation choisie ».

Le recours au terme de ségrégation ne doit pas être systématique. Il est souvent utilisé comme synonyme de différenciation socio-spatiale ou de division sociale de l'espace. Or utiliser le terme de ségrégation correspond d'une part implicitement à un jugement de valeur sur le processus qui a présidé à la formation de la différence. Et d'autre part, il apparaît que pour beaucoup d'auteurs, sans processus volontaire de ségrégation, celle-ci n'existe pas : « dans toute société où la séparation physique n'est pas instituée ni autoritairement préservée comme principe fondateur de l'organisation de l'espace, la ségrégation n'est nulle part » (Joseph Grafmeyer, 1984).

Tourisme : système d'acteurs, de pratiques et d'espaces qui participent de la « recréation » des individus par le déplacement et l'habiter temporaire hors des lieux du quotidien (*cf.* les travaux de l'équipe MIT – Mobilités, Itinéraires, Territoires – de l'université Paris VII). Le tourisme est une activité relativement récente qui date d'il y a un peu plus de deux siècles. Le tourisme est né du « Grand Tour » qui était le voyage initiatique des jeunes aristocrates britanniques à travers les hauts lieux de la civilisation européenne, au XVIIIe siècle.

Transition démographique : passage d'un profil démographique dit traditionnel (forte mortalité et forte natalité) à un profil démographique dit moderne (faible mortalité et faible natalité). Il se traduit d'abord par la baisse de la mortalité suivie par celle de la natalité, générant ainsi un fort accroissement naturel.

Urbain : terme qui désigne une réalité plus globale que la ville, réalité née de l'étalement urbain. Ainsi, selon Jacqueline Beaujeu-Garnier et Georges Chabot : « La notion de ville elle-même semble dépassée. Un autre concept apparaît, plus large, qui englobe outre la ville, les localités voisines qui vivent de la ville »

(1963). Avec l'urbain on passe d'un ordre citadin traditionnel caractérisé par la contiguïté territoriale et par une délimitation nette avec la campagne, à un ordre de l'urbain plus généralisé : « Le règne de l'urbain et la mort de la ville » (F. Choay, 1994).

Ville : il est difficile de définir la ville de manière quantitative car le seuil varie selon les époques et les pays. En France, pour l'INSEE, une ville est une unité urbaine c'est-à-dire une commune ou ensemble de communes comportant sur son territoire une zone bâtie d'au moins 2 000 habitants dans laquelle aucun bâtiment n'est séparé d'un autre de plus de 200 mètres, alors qu'en Espagne le seuil défini par l'INE est de 10 000 habitants. Face à cette diversité des définitions quantitatives, les Nations unies ont proposé un seuil de population agglomérée qui est de 20 000 habitants.

Il vaut mieux privilégier une approche qualitative. La ville est un espace de concentration d'hommes, d'activités diverses et de constructions (espace artificiel). Elle se distingue par des fonctions particulières : lieu de contrôle, de domination, d'organisation et de polarisation des espaces qui l'entourent. Selon Jacques Lévy (2003), la ville est caractérisée par le couple densité-diversité.

Ville globale : expression forgée par Saskia Sassen (1991). Les *global cities* sont les centres de la mondialisation : elles concentrent les fonctions centrales de direction et de commandement des grandes firmes transnationales. Saskia Sassen considère qu'il y a trois villes globales complètes dans le monde : Londres, New York, Tokyo.

Ville mondiale : les villes mondiales sont les centres de la mondialisation. Peter J. Taylor (1995), géographe anglais, a mis au point un réseau d'études sur les villes mondiales : le GaWC (*Globalization and World Cities Research Network*) et une méthode fondée sur la densité des services supérieurs aux entreprises. Les villes ont été sélectionnées pour leur place de *leaders* à l'échelle mondiale dans quatre domaines : comptabilité (*accountancy*), publicité (*advertising*), finance (*banking*) et services juridiques (*legal services*). Pour Peter J. Taylor, il y a quatre villes en tête du classement des villes mondiales : Londres, New York, Paris et Tokyo.

Vulnérabilité : fragilité. Elle désigne le niveau de conséquences d'un aléa sur les enjeux humains, matériels et environnementaux. Ainsi les villes sont particulièrement vulnérables du fait de la concentration de population et d'aménagements.

CHAPITRE 2.

L'histoire en vingt notions et vingt repères chronologiques

Le but de ce dernier chapitre est de donner aux étudiants de première et de deuxième années des classes préparatoires ainsi qu'à ceux de premier cycle à Sciences Po quelques repères pour aborder sereinement les principaux phénomènes historiques et les grands concepts épistémologiques de l'histoire étudiés durant le début de leurs études supérieures. Pour cela, on retiendra vingt notions et vingt grands repères chronologiques.

Les notions portent essentiellement sur le vocabulaire commun aux historiens des quatre grandes périodes (ancienne, médiévale, moderne et contemporaine). Elles doivent permettre à l'étudiant de saisir les spécificités de la discipline historique ; en somme, ce qui fait le cœur de métier de l'historien.

Les repères chronologiques, quant à eux, portent principalement sur l'histoire contemporaine. Ce choix s'inscrit dans la logique des programmes qui, tant à Sciences Po que dans les classes préparatoires, finissent par donner une prépondérance à cette période. En effet, l'histoire contemporaine est présente, quoi qu'il arrive, au concours d'entrée des différentes écoles normales supérieures. À Sciences Po et dans les IEP, elle fait partie des enseignements fondamentaux, avec un regard porté plutôt sur le XIXe siècle en première année et plutôt sur le XXe siècle en deuxième année. Il convient donc de maîtriser dès à présent quelques grands jalons – dont la liste proposée ici n'est pas exhaustive ! – d'histoire générale à ces périodes.

I. Le cœur de métier de l'historien : vingt notions

Acteur

L'acteur est étymologiquement celui qui agit.

En histoire, parler d'acteur signifie que l'on considère que les individus ont une part d'autonomie dans leurs choix et leurs actions. L'acteur est donc un individu responsable qui influe sur le cours des événements. Cette notion a régulièrement fait l'objet d'intenses débats historiographiques. En effet, donner le primat à l'acteur, c'est envisager ce dernier comme quelqu'un d'insoumis à des effets structurels comme l'organisation sociale dans laquelle il évolue. Du reste, la notion d'acteur pourrait renvoyer à celle de personnage historique. Ce faisant, l'on considèrerait que les « grands hommes » ont une place plus importante dans l'histoire que les autres. À l'inverse, cela reviendrait à évacuer de la recherche historique les masses, les populations, plus insaisissables *a fortiori* si elles ne laissent pas de traces écrites derrière elles. Ces débats, très fortement marqués au début du XXe siècle avec l'essor de l'école des Annales, doivent être connus des étudiants. Pour autant, l'emploi de la notion d'acteur n'est en rien proscrite, pourvu que l'on garde à l'esprit dans quel contexte ledit acteur évolue.

Champ

En sciences sociales, un champ est un domaine d'étude.

En histoire, il existe de nombreux champs d'étude. Du temps de l'école méthodique, le champ le plus important de l'histoire était le politique. L'histoire politique étudie donc le rapport des hommes à leur pouvoir : la façon dont ce dernier est distribué au sein d'une société, les stratégies mises en œuvre pour le conquérir, ses effets sur les sociétés et les individus... Le primat de l'histoire politique a été remis en cause par l'école des Annales, ce qui a conduit à légitimer de nouveaux champs. L'histoire sociale fait partie de ces nouveaux champs. Elle étudie, à l'aune du temps, les constructions sociales, les rapports entre groupes sociaux ou encore les modalités d'évolution (réformisme) ou de contestation (manifestations, révolutions...). L'histoire économique, autre champ important, se concentre sur les grands cycles du développement économique des sociétés mais aussi, à une échelle plus grande, à l'histoire des entreprises. Enfin, un des derniers champs s'étant installé dans le paysage historiographique est celui de l'histoire culturelle qui a trait aux représentations que les individus se font de leur société (ou les sociétés d'elles-mêmes) ainsi qu'aux modalités d'apparition, d'expression et d'appropriation des cultures. Mais attention ! Tous ces champs historiques ne sont pas totalement hermétiques les uns aux autres. Ainsi, une des branches les plus fécondes de l'historiographie récente est celle de l'histoire culturelle du politique : il s'agit alors de faire la part de ce qui relève du sujet pensant et du sujet agissant dans les phénomènes politiques à l'œuvre dans les sociétés (ce qui détermine le vote, l'adhésion à tel ou tel parti...).

Circulation

Une circulation est, de façon générique, un mouvement qui s'opère d'un point A à un point B.

En histoire, la notion de circulation bénéficie d'une attention croissante depuis plusieurs années car elle permet d'étudier de quelles façons des processus historiques opèrent à une échelle nationale, régionale voire mondiale. Dans cette optique, la circulation peut se faire d'un point A à un point B mais l'on peut aussi gagner à se pencher sur le phénomène retour, du point B au point A. Les circulations concernent tout un faisceau d'acteurs historiques mais aussi de biens ou de concepts. Ainsi, le concept de circulation permet d'étudier tout à la fois la question des afflux de réfugiés pendant la Seconde Guerre mondiale que les flux de marchandises à l'origine de la globalisation. Elles permettent aussi de déterminer de quelle manière les idées naissent dans un pays et se diffusent à d'autres, là où elles peuvent s'étoffer, se distordre... Enfin, ce concept pose la question des agents ou acteurs à l'origine des circulations. À travers ce prisme, l'on peut donc étudier des phénomènes historiques complexes, dans une perspective d'histoire globale.

Critique

La critique constitue le cœur de métier de l'historien.

L'historien, face aux sources, doit systématiquement émettre un doute sur la véracité de ce qu'il lit. Cette attitude de doute est à l'origine même de l'exercice d'une raison critique sur les faits passés et la façon dont ils sont relatés par les sources. Le but de la critique est de permettre de retracer au mieux le déroulé des événements du passé. Pour cela, l'historien croise les différentes sources entre elles afin de décrypter chaque allusion, de comprendre chaque omission et de faire le jour sur les éventuels mensonges : pourquoi l'auteur les commet-il ? Que cherche-t-il à cacher ? Sait-il qu'il ment ?

Quels que furent et soient encore les débats historiographiques, la notion de critique, venue de l'école méthodique qui cherchait, à la fin du XIXe siècle, à doter l'histoire d'outils méthodologiques solides, demeure encore comme un point consensuel au sein de l'ensemble de la discipline historique.

■ Empire

L'empire est une forme d'organisation du pouvoir. Elle se caractérise principalement par l'étendue d'un territoire ou par la puissance centralisatrice de sa tête. L'empire peut être continental – un espace vaste et sans discontinuité est dominé par la même capitale – ou maritime – une métropole exerce son pouvoir sur des colonies dont elle est séparée par une mer ou un océan.

Quelle que soit sa période de spécialité, l'historien est confronté à l'empire. En histoire ancienne, c'est l'empire exercé par Rome ou Athènes qui est au cœur de l'organisation du monde connu. En histoire médiévale, l'Empire carolingien, l'Empire byzantin ou encore le Saint Empire romain germanique sont autant de formes de ce qu'un empire peut être. Le Saint Empire romain germanique est d'ailleurs intéressant en ce sens qu'il est perçu comme l'héritier de Rome mais aussi comme éternel. Sa disparition n'est actée qu'au début du XIXe siècle, après que son emprise territoriale et politique s'est continuellement dégradée, de l'empire de Charles Quint, à la période moderne, « sur lequel le soleil ne se couchait jamais », à son resserrement progressif sur le seul espace germanique à l'époque contemporaine. Enfin, la question de l'empire implique également celle des nationalités. L'Empire austro-hongrois fut ainsi perçu par certaines de ses minorités comme une « prison des peuples ». Quant à l'empire hitlérien, le IIIe Reich, il symbolise à lui seul la façon dont un empire peut engendrer une inégalité très nette entre les entités qui le composent, généralement au profit d'un centre tout-puissant.

■ Événement

Un événement est ce qui survient une fois, à un moment donné.

Pour l'historien, l'événement est ce qui est remarquable, ce qui sort du lot quotidien. L'événement correspond généralement à ce que l'on retrouve dans les frises chronologiques : un jalon, une borne que l'on peut dater avec précision et dont on peut décrire simplement le contexte et les modalités.

Une fois n'est pas coutume, la notion d'événement fait l'objet de vifs débats entre historiens. En effet, l'événement implique une exceptionnalité. Or, pour certains historiens, l'histoire est aussi constituée de ce qui demeure à long terme, de ce qui est stable et qui n'est pas remarquable de prime abord. L'événement relèverait ainsi de la conjoncture mais ne pourrait exister en dehors d'effets structurels. Les critiques adressées à la notion d'événement se sont notamment concentrées sur ce qui est appelé péjorativement « l'histoire-bataille » et qui consiste en le récit, combat après combat, des guerres qui parsèment l'histoire. Pour autant, renoncer à l'événement serait considérer qu'il n'y a rien qui ne soit déterminé à l'avance par des phénomènes sur lesquels les individus n'ont pas prise. On le voit, la notion d'événement renvoie donc à des débats politiques ou philosophiques, qu'on ne demandera pas aux étudiants de premier cycle de trancher dès le début de leurs études !

Histoire ancienne

L'histoire ancienne correspond à la période qui succède à la préhistoire et qui s'arrête généralement à la chute de l'Empire romain d'Occident en 476 de notre ère.

Les espaces de l'histoire ancienne sont ce que l'on appelle de façon artificielle le monde « gréco-romain ». Il s'agit donc d'étudier l'histoire de l'implantation des hommes sur le pourtour méditerranéen, des premiers temps de la civilisation grecque à la fin de l'Empire romain. Pour autant, l'étude des civilisations du croissant fertile (Mésopotamie), avec notamment la naissance de l'écriture à Sumer qui est largement antérieure à la civilisation mycénienne (dans l'actuelle Grèce), font aussi partie de cette période de l'histoire.

Histoire contemporaine

L'histoire contemporaine étudie la période qui succède à l'Ancien Régime. En France, les historiens contemporanéistes font généralement commencer leur période de prédilection à 1789 (début de la Révolution française) ou à 1815 (fin de l'empire napoléonien). L'époque contemporaine est marquée par l'essor des nationalités, l'industrialisation, la colonisation ainsi qu'ensuite par les totalitarismes, la décolonisation et la globalisation. En quelque sorte, il s'agit de l'époque d'apparition des États modernes, entendus au sens de l'État-nation, modèle parfois remis en cause aujourd'hui. Pour le moment, l'on considère par convention que l'on se situe encore à l'époque contemporaine. Toutefois, la branche la plus avancée dans le temps de cette histoire s'appelle l'histoire du temps présent car elle étudie des phénomènes historiques dont les acteurs sont encore, pour certains, vivants voire ayant encore des responsabilités dans la conduite du monde actuel (période postérieure à la Seconde Guerre mondiale).

■ Histoire médiévale

L'histoire médiévale traite de ce que l'on appelle le Moyen Âge et qui correspond, par convention, à la période s'étendant de la fin de l'Empire romain d'Occident (476) à la fin de l'Empire byzantin (prise de Constantinople en 1453). Selon les pays d'origine des historiens, la fin du Moyen Âge peut être définie un peu plus tard, avec les Grandes Découvertes du début de la Renaissance, et notamment celle des Amériques en 1492. Pendant plusieurs siècles, l'image du Moyen Âge a été très dépréciative en raison d'un travail de construction d'une légende noire opérée directement par les hommes de la Renaissance et perpétuée jusqu'au XIXe siècle. Cette vision est désormais plus nuancée et l'on ne considère plus le Moyen Âge comme une période d'arrêt dans le progrès humain. En Occident – ce qui à cette époque correspond peu ou prou à l'Europe – l'époque médiévale est notamment caractérisée par une forte influence de l'Église catholique sur l'organisation sociale et politique des sociétés et par l'usage de la langue latine, au moins pour les actes religieux et politiques. En outre, la féodalité régit les relations entre les hommes, dans une vision laissant peu de place à l'autonomie de l'individu. Parallèlement, on assiste à plusieurs tentatives d'unification politique de l'Occident (Empire carolingien, essor des États modernes…). Enfin, l'on distingue traditionnellement trois phases au cours des dix siècles du Moyen Âge : le Haut Moyen Âge (476-950), le Moyen Âge central (950-1250) et le Moyen Âge tardif (1250-1453).

■ Histoire moderne

En France, les historiens modernistes étudient ce que la tradition historiographique française a appelé les temps modernes. Il s'agit de l'époque allant de la fin du Moyen Âge – et dont la date est discutée, voir *supra* – à la Révolution française ou la fin du Premier Empire, selon les historiens. Les grands traits de la modernité sont les suivants : essor des sciences, avec notamment les Grandes Découvertes, réformes religieuses dont le développement du protestantisme est la pointe avancée, poursuite de l'émergence d'États structurés et qui se centralisent peu à peu ou encore montée en puissance d'une nouvelle classe sociale : la bourgeoisie. Surtout, la vision du monde des Modernes est fortement marquée par la découverte des Amériques et par les grandes expéditions qui permettent à l'équipage de Magellan de réaliser la première circumnavigation de la Terre – c'est-à-dire le tour du monde – de l'histoire, en 1522. Cette découverte du monde a des répercussions directes sur l'organisation économique de l'Europe puisqu'elle favorise les échanges y compris d'esclaves, la traite atlantique trouvant ses origines au milieu du XVe siècle et s'amplifiant devant l'immensité des défis agricoles que représentaient les Amériques. En outre, les temps modernes ont été marqués par une volonté propre des individus du temps de se distinguer de l'époque précédente. C'est le projet même de la Renaissance que de se rapprocher des modèles de l'Antiquité par opposition à un Moyen Âge jugé obscurantiste et ennemi des sciences. Enfin, on notera que dans la tradition historiographie anglo-saxone, la *modern history* est une période qui se poursuit jusqu'au XXe siècle : on distingue alors plusieurs phases de modernité s'articulant autour de grands jalons historiques comme la Renaissance, la chute de l'Ancien Régime ou encore la Première Guerre mondiale.

Historiographie

Étymologiquement, « historiographie » signifie « écriture de l'histoire ». Il s'agit ainsi pour l'historien de s'interroger sur la façon dont il écrit l'histoire. Cette attitude qui consiste à réfléchir sur sa pratique du métier d'historien est justifiée par l'ancrage des historiens dans leur propre époque. Par conséquent, la façon dont il interroge les sources – même s'il le fait de la façon la plus méthodique qui soit – peut être influencée par sa propre expérience de la vie, ses propres convictions. La réflexion historiographique permet donc de faire la part de ce qui relève de la subjectivité de l'historien. Ces questionnements emportent pour conséquence la possibilité pour des historiens de relire des sources exploitées par leurs prédécesseurs à la lumière de nouvelles interrogations. Parfois peuvent-ils même aboutir à des conclusions différentes. Surgissent alors ce que l'on appelle des débats historiographiques. Comprendre les enjeux des débats historiographiques est ainsi essentiel pour l'historien car cela lui permet de situer son propre travail par rapport à celui de ses collègues et prédécesseurs.

Idéologie

Le terme d'idéologie apparaît en 1796 sous la plume de Destutt de Tracy. Il désigne alors la science ayant pour objet l'étude de la genèse des idées. Au XIXe siècle, le marxisme définit, dans sa critique du capitalisme, l'idéologie comme un système de pensée qui s'impose aux hommes, par la superstructure, et comme une vision fausse de la réalité. Pourtant, le marxisme sera lui-même accusé d'être une idéologie agissant de la façon décrite ci-dessus !

Dès lors, comment définir, aujourd'hui, l'idéologie ? L'on peut considérer qu'il s'agit d'un système de pensée fermé et global. Il impose des vérités. La plupart du temps, les idéologies politiques sont englobantes et proposent une vision complète du monde allant jusqu'à la fin de l'histoire. La plupart des idéologies ont d'ailleurs pour objectif d'aboutir à cette fin de l'histoire : c'est le cas de l'idéologie marxiste dont le but ultime est l'avènement du communisme, caractérisé par l'abolition de l'État et l'égalité absolue entre les hommes.

La compréhension des idéologies est donc un élément très important pour l'historien. Comment, par exemple, étudier le XXe siècle sans se référer aux grandes idéologies – notamment le nazisme et le communisme – qui lui ont donné une identité spécifique à l'échelle de l'humanité ? Surtout, la prise en compte des systèmes de pensée des individus est nécessaire pour comprendre leur comportement et leurs choix politiques, économiques ou sociaux.

Mémoire

Au plan biologique, la mémoire est le processus par lequel un être vivant se souvient de ce qui lui est arrivé et de ce qui s'est passé autour de lui.

La mémoire est un défi pour l'historien. Comme le pose Antoine Prost, « contrairement à ce que l'on écrit souvent, l'histoire n'est pas une mémoire[1] ». La confusion provient essentiellement de ce que l'histoire et la mémoire tiennent un discours sur la même chose : le temps passé et révolu. Mais la mémoire tient de la subjectivité des individus et des sociétés. Quelqu'un qui a vécu tel ou tel événement s'en souvient, est capable de raconter des anecdotes. Mais ce discours est produit de son point de vue. Même si cette personne cherche à objectiver les événements qu'elle a vécus, il n'en reste pas moins qu'elle parle de ce qu'elle connaît, de ce qu'elle a vu, de ce qu'elle a ressenti. À l'inverse, l'historien construit un discours sur

1. Antoine Prost, *Douze Leçons sur l'histoire*, Paris, Seuil, 1996, p. 113.

quelque chose qu'il n'a ni connu, ni vécu, ni ressenti – exception faite du cas très spécifique des historiens du temps présent travaillant sur des périodes qu'ils ont eux-mêmes vécues. Le rôle de l'histoire est de redonner à voir le passé à travers un discours construit et documenté, sources à l'appui. L'historien doit faire la part de ce qui relève de la réalité objective et de ce qui correspond à des représentations subjectives de la réalité. C'est pour cette raison que le travail de critique des sources est fondamental. Pour autant, la frontière entre histoire et mémoire est parfois perméable. Ainsi, certains souvenirs d'acteurs historiques sont parfois réécrits par ces derniers à la lumière de l'avancée de la connaissance historique des événements. Le défi pour l'historien reste alors le même : objectiver le discours mémoriel à partir des documents disponibles pour en faire un récit historique.

Période

À la lecture des pages qui précèdent, le lecteur a été confronté à de nombreuses expressions relatant des périodes : Antiquité, époque médiévale, temps modernes, époque contemporaine, Haut Moyen Âge, Renaissance, XXe siècle... Quelle est, dès lors, le point commun à tous ces moments définis comme « périodes » ? C'est le découpage chronologique. Si la « période » a un sens objectif en astronomie, par exemple – « le temps que met un astre à faire sa révolution » d'après le *Dictionnaire de la langue française* d'Émile Littré – les choses sont plus complexes lorsque l'on réfléchit en historien. En effet, toujours d'après le *Littré*, la période peut être considérée comme un « espace de temps indéterminé » ou comme un synonyme « d'époque » qui prend alors le sens d'un « moment déterminé, particulier de la durée ». Or, l'historien prend lui-même le parti découper le temps en périodes pour mieux étudier chacune d'entre elles et, surtout, il s'applique à les nommer. C'est donc un choix subjectif qu'il opère. Les raisons de cette façon de pratiquer le métier sont de plusieurs natures. La première d'entre elle est d'ordre pratique : il s'agit de délimiter les contours des départements d'histoire des universités (« département d'histoire du Moyen Âge », par exemple). Les périodes sont alors, peu ou prou, les quatre grandes périodes du découpage de l'histoire : Antiquité, Moyen Âge, temps modernes et époque contemporaine. L'autre raison est que l'historien inscrit son travail dans une chronologie et qu'il cherche à donner du sens à cette perception du temps. La périodisation est donc l'instrument de cette quête de sens. Cela explique alors à quel point certaines notions qui paraissent très objectives comme le siècle – dont on peut écrire objectivement qu'il comprend cent ans – sont malléables et peuvent faire l'objet d'intenses débats historiographiques. Ainsi, selon que l'on considère le XXe siècle comme celui des guerres mondiales et de leurs conséquences ou comme celui de l'essor d'un monde multipolaire, on le fera commencer en 1914 mais on pourra décider qu'il s'arrête soit en 1989, avec la chute du mur de Berlin, soit le 11 septembre 2001, moment de remise en cause sans précédent de l'hyper-puissance des États-Unis.

Preuve

Une preuve est un argument irréfutable pour démontrer une vérité.

Pour l'historien, cette notion est essentielle. En effet, l'administration de la preuve est la condition *sine qua non* de l'existence du discours historique. Cette notion date de l'école méthodique du XIXe siècle et n'a jamais été sérieusement remise en cause. L'administration de la preuve est ainsi ce qui distingue par exemple l'historien de l'homme politique – qui peut avancer des arguments sans les démontrer, pourvu que ses adversaires ne le lui demandent pas – ou du journaliste qui, dans les régimes démocratiques, est protégé par le principe du secret de ses sources.

L'historien, lui, doit exposer ses preuves. Pour cela, il recourt à des sources qu'il critique (voir *supra* pour la définition de critique) et, surtout, qu'il cite dans ses travaux. La citation des sources revêt un enjeu majeur : il ne s'agit pas simplement d'écrire « *untel* dit cela dans *tel texte* ». Il faut également dater le texte et préciser au lecteur à quel endroit ce dernier peut aller le consulter s'il le souhaite : s'il s'agit d'un livre, on donnera les références exactes (éditeur, année de publication) ; s'il s'agit d'une pièce d'archive, on précisera son lieu de conservation, son fonds et sa cote. L'ensemble de ces citations et localisations de sources se nomme « appareil critique ». C'est l'appareil critique qui permet de rendre le récit historique documenté et objectivé. Cette administration de la preuve ne signifie pas pour autant que le récit est figé *ad vitam æternam*. Elle permet au contraire aux lecteurs de se documenter et à leur tour, s'ils le souhaitent, de procéder eux-mêmes à la critique des sources exploitées.

Au total, cette nécessité d'administrer la preuve de ce que l'on écrit montre à quel point le récit historique est avant tout une démonstration. À ce titre, il ne faut jamais négliger cet aspect au moment de rédiger un travail historique.

Récit

Dans *Comment on écrit l'histoire*, l'historien Paul Veyne commence son ouvrage dont le but est de définir l'histoire par un chapitre intitulé « Rien qu'un récit véridique[1] ». Le récit correspond à une narration, une façon de raconter. Or, puisque l'historien cherche à reconstituer le passé, il doit trouver un vecteur d'expression adéquat, un peu comme l'économiste représente certains des faits qu'il observe par des courbes et des graphiques. Pour l'historien, ce vecteur d'expression est le récit. Cela signifie qu'après avoir procédé à l'analyse de toutes les sources relatives au sujet qu'il entend traiter, l'historien va procéder à l'écriture d'un texte dont le but est, plus ou moins, de montrer comment l'on est passé d'une situation A à une situation B au fil du temps. On le voit, le récit historique s'approche donc tout à fait de l'intrigue d'un roman, à la différence près – et fondamentale – que tout ce qui y est écrit relève de la réalité et en aucun cas de la fiction. Cela emporte quelques conséquences. Premièrement, le récit historique doit être clair et précis sur les dates, les faits et les enjeux relatés. Ensuite, cela implique de faire des choix : pour écrire un ouvrage de cinq cents pages, l'historien a peut-être lu quelque chose comme deux à trois mille pages de sources. Il est donc exclu de tout dire : seul ce qui permet à la démonstration d'avancer – car le récit historique est une argumentation – doit être mobilisé. Enfin, l'historien devra s'attacher à adopter un style qui ne pervertisse pas ses conclusions et, surtout, qui n'altère en rien l'objectivité de sa méthode. Ainsi, il écrira plus volontiers : « Après cette bataille qui a tué trois mille hommes, le général meurt de ses blessures » que : « Après cette lutte épique où une multitude d'hommes tombèrent héroïquement, hélas le général succomba dans d'atroces douleurs. »

Représentation

Une représentation est la façon dont on perçoit personnellement tel ou tel fait, tel ou tel objet, tel ou tel discours… On se situe donc du côté de ce que les individus pensent, s'imaginent. Par conséquent, la représentation est une version de la réalité altérée par le jugement des individus. Selon que l'on soit enfant ou adulte, par exemple, on ne se représente pas la même chose lorsque l'on parle de Noël.

Pour l'historien, cette différence entre réalité et représentation est très importante. En effet, si l'on veut reconstruire au mieux le passé, on ne peut pas simplement envisager les faits tels qu'ils se sont objectivement déroulés. Il faut

1. Paul Veyne, *Comment on écrit l'histoire*, Paris, Seuil, 1971.

également comprendre pourquoi ils ont pris cette tournure. Pour ce faire, l'étude des motivations des individus est déterminante. Or, lesdites motivations sont souvent le fruit d'une perception du réel, donc d'une représentation. Par exemple, l'on sait désormais qu'historiquement, le premier choc pétrolier de l'automne 1973 constitue le début d'une crise économique mondiale. Aujourd'hui, la plupart des responsables politiques savent dater ce début de crise mondiale. Or, si on lit les professions de foi des principaux candidats à l'élection présidentielle française d'avril-mai 1974 et qui a donc lieu moins d'un an après le choc pétrolier, on constate avec étonnement que la mention de l'entrée dans la crise est quasiment absente de leurs discours. Cela signifie donc que les hommes politiques du temps s'étaient fait une représentation de la situation qui ne collait pas véritablement avec la réalité des faits, à savoir le début d'une crise économique majeure. On le voit, on ne peut pas comprendre cette attitude des candidats à l'élection présidentielle française de 1974 si on ne considère pas leurs représentations de la réalité. Ce concept de représentation est donc nécessaire à l'historien : il lui permet de considérer les personnages historiques comme des sujets agissant mais également pensant et donc de saisir les modalités de leurs actions dans toute leur complexité.

Révolution

Le terme de révolution est issu de l'astronomie : d'après le *Littré*, une révolution correspond au « retour d'un astre au point d'où il était parti ». Il s'agit donc, par exemple, de faire un tour complet sur soi-même.

Adaptée aux faits historiques, la révolution désigne un changement complet de modèle. C'est une notion importante de l'histoire contemporaine qui, dans l'école historique française, commence précisément par le surgissement de la Révolution française, en 1789. Cette période contemporaine, qui débute à la fin du XVIIIe siècle – et que l'on peut d'ailleurs faire commencer à 1776 dans une perspective américaine en considérant les événements révolutionnaires qui y ont cours à ce moment là – est marquée par de nombreuses révolutions dans l'ordre politique : révolution donnant naissance aux États-Unis, Révolution française, Trois Glorieuses de 1830, révolutions de 1848 en France et dans les espaces italique et germanique, révolutions russes de 1905 et 1917 ou encore révolutions de 1989-1991 conduisant à la fin de la Guerre froide pour ne citer que quelques exemples. Pour l'historien, l'étude des révolutions est un défi. En effet, les embrasements révolutionnaires conduisent le plus souvent à des embrasements au sens littéral du terme et donc à la destruction d'archives. Le terme de révolution ne concerne pas que l'ordre politique. L'organisation économique du monde, par exemple, n'est pas en reste puisque l'on parle de « révolutions industrielles » pour décrire l'évolution structurelle des économies et des sociétés au gré de l'apparition de certains progrès techniques (machine à vapeur, électricité, Internet…).

Source

Pour l'historien, la source désigne toute trace laissée par les individus du passé et qui témoigne de leur activité.

On distingue deux grandes catégories de sources : les sources primaires et les sources secondaires. Les sources primaires sont des sources de première main. La plupart du temps, elles sont conservées dans des services d'archives. Cela signifie qu'elles ont été produites par les acteurs historiques eux-mêmes. On y retrouve par exemple les traces archéologiques, les lettres manuscrites, les édits royaux signés de la main du roi en personne, les livres publiés au moment des faits par les individus concernés par ces faits, allocutions télévisées pour une période plus récente… Les sources secondaires sont des documents produits *a posteriori*, parfois d'ailleurs à partir de sources primaires, pour relater des événements du passé. Les sources secondaires peuvent impliquer des phénomènes de réécriture de l'histoire par les acteurs historiques eux-mêmes qui, avec le recul du temps, analysent différemment leur action qu'au temps où ils l'ont conduite. Les sources secondaires sont très variées : ouvrages d'historiens, documentaires télévisés…

Les sources sont le matériau initial de l'historien, celui à partir duquel il conduit son enquête – le mot « histoire » provient du grec *storia* : « enquête » – pour reconstruire un passé révolu. Le recours aux sources est impératif pour l'historien. En effet, contrairement au chimiste, par exemple, qui dépose différents composés chimiques dans un tube à essai et observe les réactions que cela produit, l'historien, lui, ne peut pas recourir à l'expérience pour produire son savoir. C'est pour cela qu'il mobilise des sources variées dont il recoupe les contenus et c'est aussi pourquoi la conservation des sources dans des services d'archives accessibles et sécurisés est un enjeu fondamental pour l'ensemble de la discipline historique.

■ Temps

Dans son acception la plus basique, le temps désigne la durée que l'on mesure, notamment à partir des cycles du soleil (jour, année...).

Le rapport au temps est ce qui fait la spécificité de l'histoire par rapport aux autres sciences sociales. Alors que le sociologue ou le politiste étudient des faits qui se déroulent sous leurs yeux, l'historien ne peut le faire en raison même de l'objectif qu'il s'est assigné : reconstruire le passé. Il lui faut donc laisser du temps s'écouler afin que la matière refroidisse, en quelque sorte, et qu'il puisse déterminer ce qui relève de l'écume des jours ou qui, au contraire, correspond à des vagues de fond. Cette notion d'écume, l'historien de l'école des Annales Fernand Braudel (1902-1985) l'utilise dans son ouvrage *La Méditerranée et le monde méditerranéen à l'époque de Philippe II* (1949) pour avancer la théorie de l'existence de trois types de temporalité pour chaque problème historique : un temps long, un temps intermédiaire et un temps court. Cette distinction, critiquée par certains historiens qui lui reprochèrent de rendre les temporalités trop hermétiques les unes par rapport aux autres, a tout de même le mérite d'approfondir la connaissance du passé en replaçant les événements – relevant, par nature, du temps court – dans un contexte plus global, celui de la longue durée.

Ainsi, la mission de l'historien ne se réduit pas à la restitution de l'ordre chronologique des faits passés. Au contraire, elle lui assigne le devoir de replacer ces faits dans des « jeux d'échelles chronologiques » (Jean-François Sirinelli) pour déterminer ce qui relève de la courte, de la moyenne et de la longue durées. Ce faisant, l'historien restitue le passé dans toute sa complexité et met au jour les tendances qui travaillent lentement les sociétés humaines. Du reste, laisser le temps passer résout parfois des problèmes qui paraissent insolubles dans le court terme de l'événement. C'est cette dernière raison qui amène Antoine Prost à conclure que le temps est, en somme, « le principal acteur de l'histoire[1] ».

1. Antoine Prost, *Douze Leçons sur l'histoire*, *op. cit.*, p. 123.

II. Vingt repères d'histoire du monde contemporain

■ 14 juillet 1789

• Prise de la Bastille

Le 14 juillet 1789, la foule parisienne, en proie à la révolte, est à la recherche d'armes. Après avoir trouvé des fusils aux Invalides, elle se dirige vers la Bastille, forteresse construite au XIVe siècle et devenue, au fil du temps, une prison symbole de l'arbitraire royal. La foule s'empare de l'édifice et tue notamment le gouverneur de la prison, Launay. Cet accès de colère de la foule parisienne, considéré dans la mémoire nationale comme un des actes fondateurs de la Révolution française, est principalement dû au renvoi, par le roi Louis XVI, du ministre le plus populaire de son conseil, Necker, le 11 juillet. Cette décision fait suite à la volonté du roi de mater un début de contestation politique survenu lors des états généraux. Convoqués pour le 5 mai 1789, les États généraux sont une réunion des représentants de la société française de l'époque : la noblesse, le clergé et le tiers-état. Louis XVI a été contraint de les convoquer devant les refus répétés des nobles d'être soumis à un impôt qui aurait permis de résorber le déficit public mais qui aurait créé un précédent dans la mesure où la noblesse et le clergé étaient jusque-là exemptés d'impôts. La campagne qui a précédé l'élection des représentants aux états généraux a été marquée par la rédaction de cahiers de doléances faisant mention d'un très vif mécontentement de la population à la suite des difficultés économiques et sociales du royaume. À l'ouverture des états généraux, l'on ne savait toujours pas si l'on voterait par ordre, ce qui aurait rendu la noblesse et le clergé majoritaires, ou par tête, ce qui eût avantagé les députés du tiers-état qui étaient deux fois plus nombreux que les autres. Un mois après, la situation n'était pas réglée quand, le 17 juin 1789, les députés du tiers-état décidèrent de se déclarer Assemblée nationale. Trois jours plus tard, le 20 juin, ils firent serment de ne pas se séparer tant qu'ils n'auraient pas doté le royaume d'une Constitution : cet engagement ayant été pris dans la salle du jeu de paume du château de Versailles, il est resté dans l'histoire comme étant le Serment du jeu de paume. Déterminé à ne pas se laisser imposer des volontés par l'Assemblée nationale, Louis XVI renvoya alors son ministre le plus populaire, Necker, le 11 juillet, et prit la décision de faire encercler l'Assemblée par des garnisons. C'est alors que la foule se souleva jusqu'à prendre la Bastille.

Progressivement, le pays s'embrase : certains nobles et membres du clergé quittent le royaume, déclenchant un processus d'émigration sans précédent, tandis que les pouvoirs constitués du royaume se délitent peu à peu, laissant place à des municipalités révolutionnaires. Surtout, l'Assemblée nationale constituante décrète, dans la nuit du 4 août, la fin des privilèges et l'abolition de la féodalité. La fin de l'Ancien Régime est actée juridiquement. Le 26 août, une *Déclaration des droits de l'homme et du citoyen* est adoptée qui proclame l'égalité de droits des citoyens et leur liberté. Le processus qui conduit à l'adoption d'une Constitution, à la fin de l'année 1791, était enclenché. La Révolution française ne faisait alors que commencer, contrairement à ce que pensèrent les contemporains qui, le 14 juillet 1790, commémorèrent la prise de la Bastille au cours d'une grande fête de la Fédération nationale signifiant l'unité de la Nation et sa fidélité au Roi. C'est cette fête de la Fédération de 1790 qui a conduit à faire du 14 juillet la fête nationale de la République française à compter de 1880.

18 Brumaire an VIII (9 novembre 1799)

• Coup d'État de Napoléon Bonaparte

Le 18 Brumaire an VIII – 9 novembre 1799, un général de trente ans parvient, à la faveur d'un coup d'État, à s'emparer du pouvoir en France : il s'agit de Napoléon Bonaparte. Né en 1769 à Ajaccio, en Corse, île rattachée à la France seulement un an auparavant, Napoléon Bonaparte connaît une ascension militaire fulgurante pendant les guerres révolutionnaires.

Alors qu'il conduit une expédition française en Égypte, où il a été envoyé pour être éloigné du pouvoir politique en France, la République s'enlise dans la crise politique permanente. Les anciens révolutionnaires de 1789 ne s'entendent plus quant au contenu de la politique à mener et se divisent, peu ou prou, en deux groupes antagonistes : les révisionnistes, à la tête desquels se trouve Sieyès, héros du Tiers-État en 1789, et les néo-Jacobins. Les révisionnistes sont favorables à une modification de la Constitution du Directoire – le régime républicain qui a alors cours – et qui donnerait plus d'autorité au pouvoir exécutif. Les néo-Jacobins, au contraire, estiment que le pouvoir législatif a été confisqué par les Directeurs et cherchent à remettre en place des mesures proches de celles portées par les révolutionnaires de 1793. Les deux groupes s'opposent ce qui cause une très grande instabilité politique dans le pays ; instabilité au demeurant tout à fait déconnectée de l'opinion publique qui assiste impuissante au spectacle des coups d'État qui se succèdent et placent un groupe puis l'autre à tour de rôle en position de force.

En juin 1799, le pouvoir change encore de main, cette fois au profit des néo-Jacobins qui mènent une politique de représailles contre les royalistes et les émigrés. Cette politique effraie les républicains modérés qui cherchent alors les moyens de renverser les néo-Jacobins. Sieyès et Roger-Ducos, alors Directeurs, se laissent convaincre de fomenter un coup d'État. Le général qu'ils choisissent pour le conduire est tout juste rentré d'une expédition au résultat mitigé en Égypte, quoique masqué par les progrès des sciences effectués par les Français sur place – découverte de la pierre de Rosette par Champollion. Ce général, c'est Bonaparte.

La stratégie du 18 Brumaire est simple : il s'agit de faire démissionner les cinq Directeurs, dont Sieyès et Roger-Ducos qui sont à l'origine du coup d'État. Ces deux-là le font donc et parviennent à convaincre un troisième de leurs collègues, Barras, d'en faire autant. Les deux autres Directeurs finissent par laisser vacant le pouvoir exécutif. Une fois cela acquis, il faut faire voter les parlementaires pour qu'ils confient le pouvoir exécutif à trois Consuls provisoires : Sieyès, Roger-Ducos et Bonaparte. Le vote doit avoir lieu le 19 Brumaire mais Napoléon Bonaparte est rejeté par les parlementaires qui voient en lui un futur dictateur. C'est finalement Lucien Bonaparte, président d'une des assemblées parlementaires et surtout frère de Napoléon, qui finit par trouver une solution décisive : il convainc la garde, postée à l'extérieur, de disperser les parlementaires récalcitrants. Après cette dispersion, il reste suffisamment d'hommes pour voter la création d'un Consulat confié à Napoléon Bonaparte, Roger-Ducos et Sieyès. Après dix ans d'instabilité politique, marquées par le passage d'une monarchie tempérée à une monarchie constitutionnelle puis d'une république modérée à la Terreur avant de passer au Directoire, la vie politique française est désormais stabilisée, tout entière confiée entre les mains d'un seul homme, Napoléon Bonaparte, qui devient empereur cinq ans plus tard, en 1804. C'est en raison de cette stabilité retrouvée que la plupart des historiens considèrent le coup d'État du 18 Brumaire comme la fin de la Révolution française.

■ 9 juin 1815

• Signature de l'Acte final du Congrès de Vienne

Le 9 juin 1815 est signé l'Acte final du Congrès de Vienne. Au printemps 1814, Napoléon Ier abdique une première fois avant de s'exiler vers l'île d'Elbe, au large de l'Italie. Cela conduit à la restauration des Bourbons sur le trône de France, en la personne de Louis XVIII (1814 puis 1815-1824), frère de Louis XVI. Les puissances réactionnaires ennemies de l'empire napoléonien, notamment l'Angleterre, la Russie, la Prusse et l'Autriche, entendent rétablir l'ordre en Europe après les troubles des périodes révolutionnaire et impériale françaises. Pour cela, un congrès des puissances européennes est convoqué de septembre 1814 à juin 1815 à Vienne, au cours duquel de nombreux bals et concerts sont donnés, tandis que, dans la journée, les dirigeants des monarchies européennes cherchent à trouver un nouvel équilibre en Europe qui préviendrait tout retour à l'embrasement révolutionnaire. La France, représentée par Talleyrand, ancien partisan de Napoléon et désormais rangé derrière Louis XVIII, est en position très défavorable. Face à elle, le chancelier autrichien Metternich, le secrétaire des affaires étrangères britannique Castlereagh, le tsar Alexandre de Russie et le prussien Hardenberg cherchent tous à tirer profit de l'échec du projet napoléonien. Toutefois, les visions britannique et russe sont aux antipodes, ce qui ne facilite pas les échanges.

Dès lors, l'accord trouvé en juin 1815 est surtout le fruit d'une volonté commune de faire triompher la réaction. Les gains territoriaux sont limités pour chacune des quatre puissances. La Prusse ne parvient pas à s'imposer en Allemagne tandis que la Russie dispute toujours la primauté en Europe à l'Angleterre. L'Autrichien Metternich est toutefois habile : il parvient à faire de son empereur un des plus puissants d'Europe, disposant d'un empire d'un seul tenant dans le sud de l'Europe. Metternich devient alors un des stratèges de ce nouvel ordre européen. Alors qu'il croit assez peu au traité de Sainte-Alliance signé le 28 septembre 1815 entre la Russie, l'Autriche et la Prusse et qui doit garantir une forme d'assistance mutuelle en cas d'événements révolutionnaires, Metternich parvient à tirer profit du système de congrès réguliers que la Sainte-Alliance met en place en Europe. Au fur et à mesure des congrès, il fait de l'Autriche le cœur du « concert européen », nom donné à cette habitude prise alors de faire se rencontrer les puissances réactionnaires du continent pour définir une stratégie commune face aux mouvements libéraux. Ce concert européen est naturellement très défavorable pour la France de Louis XVIII, pourtant partisan de la réaction. Ce n'est qu'en 1818 que son pays est finalement admis dans le système mis en place par Metternich. Ce système perdure jusqu'en 1823, moment à partir duquel des divergences apparaissent, notamment du côté britannique, sur l'attitude à adopter face aux mouvements libéraux qui ressurgissent sur le continent européen.

18 juin 1815

• Défaite de Napoléon Ier à Waterloo

Le 18 juin 1815, le règne de Napoléon Ier et son rêve d'une Europe française sont définitivement achevés par la défaite militaire de Waterloo, en Belgique. Après sa première abdication et son exil à l'île d'Elbe au printemps 1814, Napoléon ne renonce pas à reconquérir le pouvoir en France. Alors que Louis XVIII et la famille royale deviennent rapidement impopulaires aux yeux de la population française, Napoléon tente le tout pour le tout et s'enfuit de l'île d'Elbe. Il débarque à Juan-les-Pins, dans le Sud de la France et amorce alors ce qu'il a appelé le « Vol de l'Aigle » : remonter la France du Sud jusqu'à Paris en ralliant à lui au fur et à mesure populations et armées qu'il rencontrerait. Le 20 mars 1815, il était de retour aux Tuileries, d'où Louis XVIII s'était enfui la veille. Très rapidement, Napoléon donne des gages à la bourgeoisie libérale en confiant à Benjamin Constant, libéral notoire, la rédaction d'un *Acte additionnel aux Constitutions de l'Empire*. Ce texte vise notamment à garantir les libertés publiques et donc à rassurer une opinion qui craint la réaction et le retour à la dictature.

Mais si le retour de Napoléon est bien accueilli en France, ce n'est pas le cas de la part des autres puissances européennes, alors en congrès à Vienne. Napoléon est rejeté des négociations. Il se lance alors dans la guerre. Or, toutes les puissances réactionnaires d'Europe sont liguées contre lui. Il finit par perdre face aux Anglais dirigés par Wellington et aux Prussiens, à Waterloo, le 18 juin 1815. Quelques jours après, il est de retour à Paris où il est contraint d'abdiquer en faveur de son fils, encore enfant. Ce transfert du pouvoir à Napoléon II est sans effet car les hommes politiques à la manœuvre, comme le ministre de la Police Fouché n'en tiennent pas compte et préparent leur ralliement à Louis XVIII, rapidement de retour sur le trône. Napoléon, quant à lui, demande l'asile aux Anglais qui le déportent sur l'île de Sainte-Hélène. Au large des côtes africaines, Napoléon finit sa vie en territoire anglais, où il meurt en 1821 après avoir confié la rédaction de ses mémoires à Emmanuel de Las Cases.

2 décembre 1823

• Message au Congrès étatsunien de James Monroe

Le 2 décembre 1823, le président des États-Unis d'Amérique James Monroe fait une déclaration devant son congrès qui sonne comme un avertissement pour les puissances européennes qui voudraient s'occuper des affaires du continent américain. En somme, le message est simple : les États-Unis s'occupent de ce qui se passe en Amérique mais n'interviennent pas en Europe ; les Européens s'occupent de ce qui se passe en Europe mais n'interviennent pas en Amérique.

Il faut replacer cette déclaration dans le contexte de la vie politique étatsunienne du début du XIXe siècle. Après la fin de la guerre d'indépendance, la vie politique des États-Unis est marquée par l'émergence de deux partis interprétant différemment la Constitution de 1787 : les Fédéralistes considèrent que l'État central doit être fort tandis que les Républicains, aux idées par ailleurs plus démocratiques, veulent laisser une plus grande autonomie aux États qui composent l'union. Dans un premier temps, les Fédéralistes sont au pouvoir et mènent une politique de rapprochement avec l'Angleterre. Toutefois, en 1801, les Républicains remportent, avec Thomas Jefferson, l'élection présidentielle. Commence alors une ère républicaine qui dure jusqu'en 1829. Cette période est marquée par la survenue d'un conflit avec l'Angleterre qui conduit à une guerre entre les deux pays entre 1812 et 1814. Qualifiée de seconde guerre d'indépendance par les Étatsuniens, elle a permis de renforcer le sentiment national et l'industrie du pays. Cette unité se propage jusqu'à la vie politique. Élu une première fois en 1816, James Monroe est réélu sans difficulté en 1820 et mène une politique qui satisfait à la fois Républicains, dont il est issu, et Fédéralistes : c'est « l'ère des bons sentiments ». Les États-Unis sont tout entiers mobilisés par leur propre essor territorial et économique et se désintéressent par conséquent des affaires européennes, même si la guerre avec l'Angleterre de 1812-1814 a permis de montrer à l'Europe que les États-Unis sont désormais une puissance militaire. C'est ce contexte précis qui permet à Monroe de définir ce qui est resté connu dans l'histoire sous le nom de « Doctrine Monroe », à savoir une répartition du monde dans laquelle la sphère d'influence des États-Unis est l'Amérique, sans ingérence européenne, avec pour corollaire la non-intervention des États-Unis en Europe. Cela explique en grande partie pourquoi les États-Unis ne sont pas intervenus dans la Première Guerre mondiale dès 1914, leurs intérêts vitaux n'étant pas menacés par un conflit qu'ils estimaient alors essentiellement européen.

L'année 1830

• Essor des aspirations nationales et libérales en Europe

L'année 1830 est marquée, en Europe, par l'essor d'aspirations nationales et libérales. En France, tout d'abord, la réaction imposée par Charles X (1824-1830), successeur de Louis XVIII, passe mal. Le roi cherche à rétablir une monarchie ayant une plus forte autorité, à la suite des mesures déjà enclenchées à la fin du règne de Louis XVIII par son ministre Villèle, du parti des Ultras. Villèle, qui demeure en poste à l'avènement de Charles X, est cependant dépassé par certaines demandes des Ultras : pénalisation des profanations d'hosties, indemnisation des émigrés dont les terres avaient été vendues pendant la Révolution (loi du milliard des Émigrés, 1825)… Peu à peu, Villèle perd du terrain en raison de l'âpreté de sa politique qui va jusqu'au rétablissement de la censure. En 1828, il est contraint à la démission. Son successeur Martignac apaise un peu le débat mais en 1829, Charles X choisit un nouvel Ultra comme tête du gouvernement en la personne de Polignac. L'opposition se durcit : en mars 1830, 221 députés libéraux lancent une adresse au roi pour l'inciter à plus de libéralisme. La riposte du roi consiste en une dissolution de la Chambre. Mais les élections permettent aux libéraux de progresser davantage encore. À la fin de juillet 1830, Charles X fait alors passer quatre ordonnances qui consistent notamment à mettre fin à la liberté de la presse. Les 27, 28 et 29 juillet 1830, les Parisiens se soulèvent et mettent fin au pouvoir de Charles X : c'est la Révolution des Trois Glorieuses. Orléanistes et républicains se disputent alors la victoire avant que le duc d'Orléans finisse par l'emporter, devenant ainsi Louis-Philippe Ier, roi des Français (1830-1848).

Ailleurs en Europe, on assiste à des embrasements similaires, couplés avec la question des nationalités. En Belgique, par exemple, la nouvelle de la révolution à Paris galvanise la population qui refuse d'être soumise aux Pays-Bas – découpage territorial hérité du Congrès de Vienne – et finit par obtenir l'indépendance d'un royaume de Belgique associant Wallons et Flamands, unis en dépit de leurs différences contre Guillaume Ier des Pays-Bas. Avant cela, la cause des libéraux grecs, en quête de leur indépendance depuis les années 1820 et soutenus en cela par des intellectuels de toute l'Europe comme Lord Byron – qui meurt au combat, à Missolonghi, en 1824 – ou encore Victor Hugo, avait enfin abouti en février 1830. Ainsi, peu à peu, le système mis en place au Congrès de Vienne puis ensuite par Metternich et qui opprimait les nationalités perd de sa force.

■ L'année 1848

• « Printemps des peuples »

L'année 1848 est celle des révolutions nationales et libérales en Europe, principalement en France, en Italie, en Allemagne et en Autriche, dans un mouvement que l'histoire a retenu comme le « printemps des peuples ». Le premier coup est lancé en janvier 1848, à Palerme, en Sicile, où une révolution parvient à obtenir en deux semaines une Constitution du roi. Peu à peu, toute la Péninsule italique s'embrase, notamment dans les territoires sous autorité autrichienne. Cela conduit à la chute de Metternich le 13 mars 1848.

Avant cela, la France avait aussi renversé son roi, Louis-Philippe Ier en février 1848. L'opposition avait pris l'habitude de se réunir lors de banquets qui masquaient en fait des réunions politiques. Le gouvernement Guizot prend alors la décision d'interdire ces banquets. Les Parisiens manifestent contre cette interdiction et, au fil des jours, du 22 au 24 février, la manifestation devient insurrection. Louis-Philippe Ier ayant usé toutes les solutions politiques à sa disposition n'a plus d'autre choix, s'il veut rétablir son autorité, que de faire tirer sur la foule, ce qu'il refuse. Il abdique alors en faveur de son petit-fils et part en exil. Toutefois, les républicains refusent de confier le pouvoir à un nouveau roi, chose qu'ils avaient faite, précisément lorsque Louis-Philippe avait été proclamé roi des Français en 1830. Lamartine finit par proclamer la République.

Une nouvelle fois, une révolution en France allait en déclencher d'autres en Europe. Apprenant la chute de Louis-Philippe Ier en France, les Hongrois se soulèvent. Peu après, la révolution éclate aussi à Vienne, parallèlement aux événements italiens qui affectaient déjà le pouvoir de l'empire d'Autriche. L'ensemble de l'édifice conçu en 1815 est alors en train de s'effondrer. Il en va d'ailleurs de même dans les territoires germaniques. La révolution à Berlin oblige le roi de Prusse à convoquer une Assemblée législative élue au suffrage universel. Cette assemblée rédige ensuite une Constitution, adoptée en 1850 et qui met en place une forme de bicamérisme et signe la fin de l'absolutisme.

Pour autant, la constitution prussienne est un des rares exemples de succès de ces révolutions ailleurs qu'en France en 1848 (avec également l'avènement de Victor-Emmanuel II de Savoie en Sardaigne). Ailleurs, la réaction est féroce et l'empire d'Autriche ressort paradoxalement consolidé. En France, une nouvelle insurrection éclate en juin 1848 à la suite de la fermeture des Ateliers nationaux aux ouvriers les plus jeunes. Cela donne lieu à de nouvelles journées révolutionnaires qui se soldent par l'échec des opposants et un raidissement de la Seconde République. Loin de devenir social, et encore moins socialiste, comme certains l'avaient espéré, le nouveau régime républicain s'oriente vers la modération et un pouvoir exécutif doté de prérogatives importantes.

L'année 1870

• Chute du Second Empire et instauration du IIe Reich

Le destin de deux empires se joue en 1870, avec une disparition – celle du Seconde Empire français – et un avènement – celui du IIe Reich allemand. Et les deux événements sont intimement liés.

Le 2 septembre 1870, Napoléon III (1851-1870) donne à la Prusse la reddition de ses armées. La défaite française survient moins de deux mois après que Napoléon III a déclaré cette guerre, le 13 juillet. À l'origine de cette guerre se trouve la rivalité croissante de l'Empire français avec la Prusse dirigée par le chancelier Bismarck. La relation entre les deux pays était pourtant établie sur des bases sereines. La France avait aidé la Prusse à se protéger des prétentions territoriales de l'Autriche. Mais Napoléon III avait demandé *a posteriori* des compensations à Bismarck, ce qui avait offusqué à la fois les Prussiens mais aussi les Français, choqués du refus de Berlin. Ainsi, entre 1866 – moment de la demande de compensations – et 1870, les sentiments anti-Français en Prusse et les sentiments anti-Prussiens en France étaient allés croissants. La déclaration de guerre de la France à la Prusse intervint finalement en juillet 1870 sur fond de succession au trône d'Espagne dans laquelle la Prusse cherche à imposer son candidat. Bismarck, quant à lui, cherche à profiter de l'opposition croissante des deux pays pour susciter l'unité allemande dans une victoire de la Prusse et des États d'Allemagne du Sud contre la France napoléonienne.

Précisément, à la suite de sa victoire, la Prusse parvient à fédérer autour d'elle les États d'Allemagne du Sud dans un Empire allemand dont Guillaume Ier, roi de Prusse, prend la tête en janvier 1871. La France, quant à elle, choisit la République, le 4 septembre 1870. Pour autant, la guerre franco-allemande n'est pas encore terminée. En effet, les républicains sont majoritairement favorables à la poursuite de la guerre, notamment pour ne pas permettre à l'Allemagne de s'emparer de l'Alsace et d'une partie de la Lorraine. Il faut attendre les élections de l'Assemblée nationale en février 1871 pour voir sortir des urnes une chambre majoritairement monarchiste. Cette victoire des monarchistes est essentiellement due à la prise de position de ces derniers en faveur d'une paix immédiate avec l'Allemagne. La paix est définitivement signée le 10 mai 1871, par le Traité de Francfort. La France sort exsangue du conflit et perd bel et bien l'Alsace et une partie de la Lorraine, celle où se trouvent les terrains miniers essentiels à l'économie du pays. La rivalité franco-allemande s'inscrit dès lors plus que jamais dans les esprits tandis que la carte de l'Europe est bouleversée par l'unité allemande.

1884-1885

• Conférence de Berlin

De novembre 1884 à février 1885, les puissances européennes et les États-Unis d'Amérique se réunissent à Berlin pour définir les conditions de la colonisation de l'Afrique. La conférence de Berlin s'inscrit dans le cadre d'un renouveau du colonialisme européen. Jusque-là, deux pays disposaient d'empires coloniaux conséquents : le Royaume-Uni et la France. L'Empire britannique est le plus vaste du monde et s'étend sur tous les continents : Canada, Australie, Inde, Nouvelle-Zélande, pour ne citer que quelques exemples. Celui de la France est plus limité mais est également dilaté à la surface du globe : Antilles, Algérie, Cambodge... Derrière ces deux puissances coloniales, l'Espagne et le Portugal, détenant autrefois les premiers empires du monde, ne font plus que pâle figure. L'Allemagne et l'Italie, qui ont réalisé leur unité complète en 1870-1871, ne sont pas encore engagées dans la course aux colonies.

Pourtant, l'Afrique devient peu à peu le lieu privilégié de l'expansionnisme européen, d'autant que les terres à conquérir apparaissent aux acteurs du temps comme encore très nombreuses. Le chancelier allemand Bismarck, dont le pays n'a pas d'intérêt direct dans la zone, apparaît comme un arbitre potentiel entre les puissances coloniales européennes. C'est pourquoi une conférence réunissant la plupart des puissances européennes ainsi que les États-Unis d'Amérique est organisée à Berlin. La conférence pose de grands principes comme par exemple la fin de l'esclavage et de la traite ou encore la liberté de circulation de certaines voies navigables (le fleuve Niger, par exemple). Les principes libéraux sont à l'œuvre également pour garantir le commerce des puissances avec les colonies d'Afrique. Ainsi, le grand gagnant de la conférence, le roi des Belges Léopold II à qui est confié à titre personnel le bassin du Congo comme potentiel État indépendant, promet d'ouvrir ses terres aux échanges économiques. La conférence engendre enfin la signature ultérieure de nombreux traités bilatéraux entre puissances européennes se partageant telle ou telle zone en Afrique. La Conférence de Berlin eut donc des conséquences importantes notamment en matière de tracé des frontières des colonies africaines.

■ 18 septembre 1898

• Crise de Fachoda

Alors que la conférence de Berlin a permis aux puissances européennes de définir un cadre relativement pacifique pour entreprendre la colonisation de l'Afrique, la réalité du terrain est tout autre, notamment à mesure que le nombre de terres à conquérir diminue. La crise de Fachoda, survenue en 1898, en est un des exemples les plus probants.

L'incident de Fachoda correspond à la rencontre frontale de deux ambitions expansionnistes en Afrique : l'ambition française qui consiste à relier l'Ouest et l'Est du continent, de Dakar à Djibouti, et l'ambition britannique qui serait de relier le Cap au Caire, du Sud au Nord. La France et l'Angleterre, à cette époque, ne sont pas ennemies. Mais lorsque Lord Kitchener, maréchal anglais, arrive à Fachoda, au Soudan, où il a été précédé de quelques semaines par le capitaine français Marchand, l'affrontement armé semble inéluctable. Les opinions publiques des deux pays sont très remontées l'une contre l'autre. L'Angleterre exige que la France retire ses troupes immédiatement. L'opinion publique française exhorte son gouvernement à ne pas obéir à cet ultimatum britannique. Pourtant, le ministre des Affaires étrangères Théophile Delcassé préfère rappeler Marchand pour préserver la France d'un conflit ouvert avec le Royaume-Uni. En novembre 1898, l'ordre d'évacuation est signé et la France renonce à toute prétention territoriale dans le bassin du Nil, laissant la voie libre à l'Angleterre de réaliser son projet d'expansion du Cap au Caire.

La crise de Fachoda est révélatrice de l'antagonisme croissant des puissances européennes ayant pour cause les ambitions coloniales des unes et des autres. D'autres incidents ont lieu : entre la France et l'Allemagne s'agissant du Maroc et entre l'Angleterre et la Russie, notamment au sujet de l'Afghanistan. Les diplomates européens font alors les plus grands efforts pour aboutir à des solutions négociées. L'Entente cordiale entre la France et l'Angleterre, négociée notamment par Delcassé en 1904, trouve en partie son origine dans cette volonté de ne pas rompre irrémédiablement le dialogue.

1914-1918

• Première Guerre mondiale

À l'origine de la Première Guerre mondiale, il y a l'engrenage des alliances. La question des nationalités domine les relations internationales depuis le milieu du XIXe siècle et les rivalités entre grandes puissances vont croissant en Europe. Lorsque l'archiduc François-Ferdinand, héritier de l'empire d'Autriche-Hongrie, est assassiné à Sarajevo, le 28 juin 1914, par un nationaliste serbe, un conflit aux apparences locales est en passe de déclencher une guerre d'ampleur inédite, à l'échelle planétaire, et au bilan sans précédent de dix millions de morts. Les puissances européennes se sont en effet organisées en systèmes d'alliances rivales impliquant une assistance mutuelle et automatique en cas d'agression. D'un côté, la Triple Entente regroupe la France, le Royaume-Uni et la Russie qui se sont unis au gré d'alliances bilatérales complémentaires dont l'Entente cordiale franco-anglaise de 1904 constituait les prémices. De l'autre côté, la Triple Alliance unit l'Allemagne, l'Autriche et l'Italie. Ce système d'alliances antagonistes se met en branle après l'attentat de Sarajevo. Le 28 juillet, l'Autriche déclare la guerre à la Serbie, en représailles pour l'assassinat de son héritier. Toutefois, la Russie, alliée de la Serbie, riposte et déclare la guerre à l'Autriche le 30 juillet. L'Allemagne, liée à l'Autriche par la Triple Alliance, déclare la guerre à la Russie le 1er août. La France mobilise alors contre son ennemie intime depuis la guerre franco-allemande de 1870-1871, l'Allemagne. Cette dernière viole la neutralité belge le 2 août pour ensuite déclarer la guerre à la France, le 3 août. En représailles, l'Angleterre déclare la guerre à l'Allemagne le 4 août. L'Italie, qui devrait en toute rigueur déclarer la guerre à l'Angleterre en vertu de la Triple Alliance, se proclame neutre. En un peu plus d'un mois, l'Europe s'est embrasée.

Le conflit, pensé par les contemporains comme devant être court, dure en fait quatre ans et s'étend rapidement à toute la planète. En effet, dès 1914, le Japon profite de ce que l'Allemagne est concentrée sur le théâtre de guerre européen pour tenter de s'emparer de territoires que cette dernière possède en Chine. L'Empire ottoman se rallie quant à lui à la Triple Alliance. Les colonies sont mobilisées pour soutenir militairement et économiquement l'effort de guerre de tous les belligérants. Enfin, les États-Unis finissent, malgré eux, par entrer en guerre en 1917 après que l'Allemagne a lancé la guerre sous-marine à outrance et donc violé le principe de liberté des mers ce qui est intolérable pour l'opinion publique étatsunienne.

Mais c'est sur le théâtre européen, notamment sur le front français, que le conflit se polarise. La guerre voit ainsi se succéder trois phases principales. Jusqu'en octobre 1914, la guerre de mouvement permet à l'Allemagne de percer rapidement le front français. Puis, à l'automne, le front se stabilise. Commence alors la guerre de position, long affrontement au cours duquel les positions des belligérants n'évoluent que peu. L'on creuse des tranchées dans lesquelles les soldats se terrent dans l'attente de combats de plus en plus meurtriers. L'entrée en guerre des États-Unis en 1917 rebat les cartes, tout comme la sortie du conflit de la Russie, empêtrée dans la révolution bolchevique, alors que les soldats européens commençaient à se mutiner devant la durée du conflit. La guerre de mouvement reprend au début de l'année 1918, au bénéfice de la France et de ses alliés. Le 11 novembre 1918, l'Allemagne est contrainte de signer l'Armistice. La paix n'est conclue que l'année suivante, avec la signature, le 28 juin 1919, du traité de Versailles. Ce dernier fait porter l'entière responsabilité de la guerre à l'Allemagne, laquelle est contrainte de payer de lourdes réparations de guerre aux Alliés, de se désarmer et d'assister impuissante au démembrement de son territoire. Considérée comme un *diktat*, la paix de Versailles ne stabilise aucunement la situation européenne. La paix est précaire et fragile, d'autant plus que le Congrès des États-Unis ne ratifia jamais le traité.

1917

• Révolutions en Russie

Déjà en 1905, le tsar de Russie Nicolas II avait été confronté à une révolution à la suite de laquelle il avait dû concéder des réformes politiques. Mais la révolution de février 1917 (dans le calendrier russe ; pour nous, il s'agit du mois de mars 1917) lui est fatale. La situation est critique pour la Russie au début de l'année 1917. La Première Guerre mondiale – qui s'éternise alors que chacun pensait qu'elle serait de courte durée à son début en 1914 – éprouve durement le pays et sa population, d'autant plus que les succès militaires ne sont pas au rendez-vous. Le tsar est accusé par une portion croissante de la population d'être responsable de ces échecs. Peu à peu, son pouvoir s'érode. Le 23 février, journée internationale des femmes – le 8 mars dans notre calendrier – des grèves éclatent pour protester contre la guerre. Les manifestations s'amplifient jusqu'à ce que, le 27 février, l'armée cesse d'être loyale au tsar et bascule du côté des manifestants. Des *soviets* (comités) sont créés spontanément pour représenter les paysans, les soldats et les ouvriers. Celui de Petrograd – c'est-à-dire de Saint-Pétersbourg – apparaît rapidement comme doté d'une forme de légitimité politique. Parallèlement, les partis libéraux forment un gouvernement provisoire dirigé par le prince Lvov et dans lequel siège le socialiste Kerenski. Le 2 mars, Nicolas II finit par abdiquer. La première manche de la révolution est remportée à la fois par les socialistes et par les libéraux.

S'ensuit une période très agitée au cours de laquelle l'autorité politique que se partagent le *Soviet* de Petrograd et le gouvernement provisoire du prince Lvov n'est plus vraiment exercée. Le chef du parti bolchevique, Lénine, alors en exil en Suisse, considère que la Russie est prête à mettre en œuvre une révolution de type communiste telle que l'a théorisée Karl Marx. Dans ses « thèses d'avril », Lénine, de retour de son exil en Suisse, expose sa vision d'un programme socialiste qui inclut notamment le partage des terres et le refus de tout compromis avec les partis libéraux. Mais son parti est alors loin d'être majoritaire, notamment car les socialistes sont très divisés entre les socialistes révolutionnaires, les mencheviques – qui considèrent qu'il faut encore gouverner avec les partis bourgeois – et les bolcheviques – favorables à la révolution immédiate. À la suite d'une crise politique suscitée par le *Soviet* de Petrograd qui conteste la position du gouvernement provisoire consistant à poursuivre la guerre entamée en 1914, les socialistes révolutionnaires et les mencheviques entrent dans le deuxième gouvernement du prince Lvov. Toutefois, le peuple se soulève et ce gouvernement tombe rapidement. Le socialiste Kerenski prend alors la tête d'un nouveau gouvernement, au printemps. Mais les réformes tardent à venir et le peuple finit par se ranger derrière les bolcheviques. Ces derniers accroissent leur légitimité en menant le combat armé pour sauver le gouvernement Kerenski – qui pourtant les avait précédemment réprimés – lorsqu'en août 1917, le général Kornilov tente un putsch réactionnaire. Les bolcheviques parviennent alors à conquérir la majorité du *Soviet* de Petrograd, plaçant à sa tête l'un des leurs, Trotski. Lénine considère alors que les bolcheviques sont désormais prêts à mener l'insurrection finale qui devrait leur permettre de s'emparer du pouvoir pour déployer un programme communiste.

Cette dernière a lieu en octobre 1917 (date toujours exprimée selon le calendrier russe). Lénine profite de l'incapacité du gouvernement à assumer ses responsabilités pour lancer une opération dont le but est de s'emparer de tous les lieux de pouvoir de la capitale russe. C'est chose faite dans la nuit du 24 octobre au cours de laquelle tous les points stratégiques de Petrograd sont pris par les révolutionnaires, jusqu'au Palais d'Hiver, siège du gouvernement, duquel Kerenski s'enfuit le 25 au matin. Lénine fait ensuite légitimer ce coup d'État par le Congrès panrusse des *Soviets* qui se tient précisément à ce moment-là. Un nouveau gouvernement est formé, derrière Lénine, celui des « commissaires du peuple ». Lénine entend alors mettre en œuvre le programme bolchevique, résumé par le slogan « Pain, paix, terre ». La réforme agraire est lancée : les grandes propriétés terriennes sont abolies. Parallèlement, Lénine entend tenir son engagement de mettre fin à la guerre. Une paix séparée est signée avec l'Allemagne en mars 1918 : le traité de Brest-Litovsk est très défavorable à la Russie, alors considérée comme perdante de la guerre, et qui lâche de nombreux territoires dont la Finlande, les pays baltes, l'Ukraine... Pour autant, l'année 1917 aura été à nulle autre pareille sur le plan du bouleversement de l'ordre international : la Russie, devenue bolchevique, s'est retirée de la Première Guerre mondiale l'année même où les États-Unis se sont décidés à y entrer.

24 octobre 1929

« Jeudi noir » de Wall Street

Le jeudi 24 octobre 1929, les cours des douze millions d'actions mises en vente à Wall Street, la bourse de New York, s'effondrent brutalement, précipitant les États-Unis puis, progressivement, l'ensemble des pays capitalistes, dans un marasme profond qui allait durer tout au long des années 1930. Ce krach boursier est la conséquence d'un emballement des marchés financiers, alors très peu voire pas du tout régulés – on parle de capitalisme « sauvage » – emballement qui puise ses racines dans la spéculation. En effet, au milieu des années 1920, de plus en plus de personnes achètent des actions, la plupart à crédit, destinées théoriquement à financer les entreprises. Toutefois, la valeur des produits boursiers est doublée du début à la fin de la deuxième moitié des années 1920 sans que cela ait pour cause un doublement de la production dans l'économie réelle. Cette déconnexion des marchés financiers de l'économie réelle finit par rendre les actions moins lucratives – les dividendes versés aux actionnaires sont moins élevés car ils sont partagés entre un plus grand nombre d'entre eux – et certains porteurs commencent à revendre leurs actions. C'est l'accentuation de ce processus qui a conduit au jeudi noir du 24 octobre 1929.

Si la montée des valeurs boursières a été de plus en plus déconnectée de l'économie réelle, leur chute, en revanche, entraîne cette dernière dans son sillage. En effet, la baisse automatique des gains spéculatifs qu'elle engendre empêche certains emprunteurs de rembourser leurs dettes, que ce soit celles contractées pour s'équiper en biens de consommation ou celles liées à l'achat de valeurs boursières. Ces défauts de paiement rendent alors les détenteurs de capitaux moins prompts à prêter leur argent : le crédit se raréfie. Cette atteinte portée au système du crédit engendre ensuite une baisse de la demande qui elle-même influe négativement sur la croissance de la production. L'activité des entreprises est, de fait, réduite, ce qui a pour conséquence d'augmenter sensiblement le chômage. Ce cercle vicieux se met d'abord en place aux États-Unis. Comme des dominos, les pays industrialisés, dont l'économie repose sur le capitalisme et donc les échanges, sont atteints les uns après les autres par l'onde de choc du jeudi noir. D'abord, l'Allemagne est touchée car son économie d'après-guerre repose beaucoup sur les crédits consentis par les États-Unis. Cela affecte ensuite l'Angleterre, berceau de la révolution industrielle, qui, après s'être maintenue face aux défections étatsuniennes, ne parvient pas à en plus assumer les pertes liées à la dépression allemande. La France, pour sa part, est un peu plus à l'abri car son économie est encore grandement fondée sur l'agriculture. Mais les difficultés de la livre sterling, la monnaie anglaise, finissent, en 1931, par affecter à son tour la France qui l'utilise comme monnaie de réserve. Enfin, les pays producteurs de matières premières, fortement dépendants de la demande des pays industrialisés, voient leurs économies décliner également.

Ces bouleversements économiques ont des impacts sociaux très importants : le chômage atteint des taux jamais connus, passant par exemple de 1,5 million de chômeurs en 1929 aux États-Unis à 12 millions en 1932. Les États sont alors obligés de réagir pour éviter que la crise sociale ne dégénère. Aux États-Unis, le président Franklin D. Roosevelt arrive au pouvoir en 1933 et met en place une politique appelée *New Deal* et qui consiste en une relance financée par la dépense publique. En France et en Allemagne, certains secteurs sont en outre nationalisés. Mais les difficultés sociales persistantes, couplées à un regain des sentiments nationalistes, ont des conséquences politiques délétères. La tentation des extrêmes apparaît en Europe de plus en plus forte, à mesure que la crise s'aggrave. Au total, ce sont donc tous les pans de la vie des pays industrialisés qui sont déstabilisés par la crise mondiale.

■ 3 mai 1936

• Victoire du Front populaire

En mai 1936, l'alliance électorale constituée du Parti communiste français (PCF), du Parti socialiste – Section française de l'Internationale ouvrière (SFIO) et du parti radical et radical-socialiste remporte nettement les élections générales avec 369 sièges (contre un peu plus de 230 pour l'opposition de droite). Avec 146 députés, les socialistes sont majoritaires au sein de la majorité et peuvent hisser leur candidat, Léon Blum, à la tête du gouvernement. C'est la première fois de l'histoire de la

République française qu'un socialiste dirige le pays. Cette union de toute la gauche n'était pourtant pas acquise seulement deux ans auparavant, alors que les radicaux étaient eux-mêmes engagées dans une majorité d'union nationale avec la droite dans la Chambre des députés sortante et que, depuis 1920 et le Congrès de Tours, socialistes et communistes s'étaient séparés et s'opposaient.

C'est après le 6 février 1934 que la perspective d'une union de la gauche a commencé d'apparaître comme une possibilité pour les élections générales d'avril-mai 1936. Ce jour-là, des cortèges conduits par des ligues d'extrême-droite, comme les Croix de Feu, ou par des anciens combattants ont déferlé vers la Chambre des députés et à proximité du Palais de l'Élysée. Leur revendication : rétablir un État fort, notamment pour lutter contre la crise économique mais aussi contre la crise politique, alors que l'affaire Stavisky, du nom d'un escroc défendu par certains hommes politiques, bat son plein depuis janvier. Devant la Chambre, des affrontements surviennent entre les manifestants et les forces de l'ordre. La thèse du coup d'État fasciste est avancée : la République est en danger, menacée par des partisans d'un pouvoir autoritaire. Les heurts font quinze morts et plus d'un millier de blessés. Le 7 février, le président du Conseil, le radical Édouard Daladier, est contraint à la démission après avoir été lâché par la plupart de ses soutiens. Autrement dit, c'est la rue qui a obtenu la démission du président du Conseil, à la suite de manifestations animées notamment par des partisans de la réaction.

Les partis de gauche songent alors à s'unir. Cette hypothèse est activée notamment grâce à une évolution de la position du *Komintern*, l'instance internationale communiste créée par Moscou et qui regroupe les PC des différents pays : après la prise de pouvoir d'Adolf Hitler en 1933, les communistes prennent en effet conscience du danger fasciste, danger qui n'a pas pu être éliminé en Allemagne notamment en raison des divisions entre les partis de gauche. Le *Komintern* place alors le combat contre le fascisme en tête de ses mots d'ordre. La stratégie développée consiste alors à mettre en place des fronts populaires unissant communistes, socialistes et même, si besoin, des partis démocratiques bourgeois, pourvu qu'ils soient opposés au fascisme. En France, cela conduit, à partir de mai 1934, à la création du Rassemblement populaire entre PCF, SFIO et parti radical. Aux élections de 1936, ces partis se présentent ensemble sous la bannière du Front populaire. Leur programme est résumé par un slogan : « Le pain, la paix, la liberté ». À travers ce programme, le Front populaire entend apporter une réponse à la crise économique autant qu'à la crise politique et diplomatique que connaît la France d'alors. La victoire du Front populaire est suivie de grèves de la joie mais aussi et surtout de l'application d'un programme de réformes sociales, symbolisées par les Accords de Matignon qui octroient, pour la première fois de l'histoire du pays, quinze jours de congés payés aux employés ainsi que la semaine de travail de quarante heures. Toutefois, l'expérience est vite interrompue : les marchés ne soutiennent pas le gouvernement de Léon Blum qui fait le choix d'annoncer, dès février 1937, une « pause dans les réformes ». Le Front populaire est maintenu, en dépit de la démission de Léon Blum, en juin 1937, sur des bases politiques moins fortes jusqu'en avril 1938, moment auquel le radical Édouard Daladier met définitivement fin à la coalition est prône « le retour de la France au travail ».

Mais cette expérience du Front populaire, en dépit de son échec, demeure un moment important de l'histoire de l'Europe des années 1930. En effet, il s'agit d'un des rares exemples de tentative de réponse démocratique à la crise des années 1930. Ailleurs en Europe, les régimes autoritaires voire totalitaires s'emparent peu à peu des pays voisins de la France. Alors que le fasciste Benito Mussolini a pris le pouvoir dès 1922 en Italie, c'est dans les années 1930 qu'il fomente son rêve de créer une « Italie nouvelle », décalque de l'ancien Empire romain : l'Empire est d'ailleurs proclamé en 1936, après une nette prise de contrôle de l'ensemble des pans de la société italienne et surtout avec la conquête de l'Éthiopie. En Allemagne, Adolf Hitler s'empare du pouvoir en janvier 1933. C'est sur des bases légales que le dictateur arrive à la tête du pays. En Espagne, après trois ans de guerre civile, l'autoritaire Francisco Franco s'empare définitivement du pouvoir en 1939. On le voit, la France – et dans un autre registre, le Royaume-Uni – fait donc figure d'exception démocratique en Europe, au cours de l'été 1936.

■ 1939-1945

• Seconde Guerre mondiale

Depuis l'*Anschluss* (l'annexion de l'Autriche par l'Allemagne en mars 1938) et les Accords de Munich (septembre 1938), par lesquels les démocraties occidentales cèdent à Adolf Hitler sur de nombreuses revendications territoriales en Europe orientale au nom d'une politique d'apaisement, rien ne semble plus pouvoir arrêter le dictateur nazi dans sa conquête d'un « espace vital » (*Lebensraum*). Le 1er septembre 1939, l'Allemagne nazie envahit la Pologne. Très rapidement, les démocraties occidentales ripostent en déclarant la guerre à l'Allemagne : le Royaume-Uni et la France mobilisent tout leur empire et après le rejet de leurs ultimatums par l'Allemagne, elles déclarent la guerre à cette dernière le 3 septembre. La Seconde Guerre mondiale vient d'éclater qui, plus encore que la Grande Guerre, s'étend à l'ensemble de la planète : dès septembre 1939, la Nouvelle-Zélande et l'Australie, dont l'indépendance avait été actée, côté britannique, depuis le statut de Westminster de 1931, déclarent également la guerre à l'Allemagne. D'abord favorable à l'Allemagne nazie, le déroulement de la guerre bascule en 1943, au moment des premières victoires des Alliés qui dominent alors le conflit durant sa phase décisive.

Pourtant, cette victoire était loin d'être une évidence au début de la guerre. Dans un premier temps, le conflit est marqué par une absence quasi-totale d'affrontements sur le front Ouest, ni l'Allemagne et ses alliés, ni les démocraties libérales ne commençant l'offensive. Cette « drôle de guerre », ainsi qu'elle est qualifiée à l'époque, est interrompue de façon brutale, le 10 mai 1940, lorsque l'Allemagne lance l'offensive à l'Ouest. Alors que la France a dressé une ligne fortifiée, la ligne Maginot, le long de la frontière entre l'Allemagne et l'Alsace et la Lorraine, Adolf Hitler choisit de renouveler la stratégie poursuivie par son pays lors de la Première Guerre mondiale : violer les neutralités belge et néerlandaise pour envahir la France par le Nord. Cette « guerre éclair » – le *Blitzkrieg* – met très vite la France en échec. Le 22 juin, l'armistice signé par le maréchal Pétain accentue plus que jamais la domination nazie sur l'Europe. La France est occupée, d'abord au Nord puis, à partir de novembre 1942, intégralement. À l'été 1940, les Allemands poursuivent leur offensive à l'Ouest et s'attaquent alors au Royaume-Uni. Pendant de longs mois, la bataille d'Angleterre fait rage en mer et dans les airs sans que jamais l'Allemagne parvienne à faire tomber Londres. C'est alors sur le front méditerranéen que l'offensive nazie se poursuit. Profitant de son alliance avec l'Italie, l'Allemagne tente d'atteindre l'Égypte, protégée par le Royaume-Uni, *via* la Libye, possession italienne : cette « Guerre du désert » qui commence à l'hiver 1941 dure elle aussi de longs mois. Mais c'est surtout le 22 juin 1941 que le conflit bascule : Adolf Hitler entreprend ce jour-là de rompre le pacte de non-agression qui lie l'Allemagne à l'URSS. Avec l'opération Barberousse, le dictateur nazi cherche à étendre ses conquêtes à l'Est. Au cours des années 1941-1942, l'Allemagne avance alors sur les terres ukrainiennes. Après Kiev et Odessa, les troupes allemandes se dirigent vers Moscou, sans succès à la fin de l'année 1941. En juin 1942, l'Allemagne tente alors de s'emparer de Stalingrad, ce qui lui permettrait de remonter ensuite vers Moscou. En septembre 1942, la bataille de Stalingrad commence. C'est le lieu d'un échec notable et décisif de l'Allemagne, le 2 février 1943. La progression allemande est stoppée à l'Est. Mais en Asie, en revanche, la guerre n'a cessé de s'étendre depuis 1939, année au cours de laquelle le Japon a poursuivi une stratégie de conquête très progressive de la Chine. Le Japon étend son emprise également à l'Est et au Sud, sur les îles du Pacifique. Le 7 décembre 1941, il attaque la base navale étatsunienne de Pearl Harbor. Cette décision précipite les États-Unis dans la guerre, eux qui, pourtant, s'étaient repliés jusqu'alors dans une attitude d'isolationnisme assez proche de celle qu'ils avaient maintenue au début de la Première Guerre mondiale. L'entrée en guerre des États-Unis aux côtés des Alliés est décisive car elle soulage l'Angleterre qui était la dernière force à combattre contre l'Allemagne à l'Ouest et en Méditerranée.

L'année 1942 marque un tournant dans le conflit. Dans la « Guerre du désert », le Royaume-Uni stoppe l'avancée des troupes allemandes lors de la bataille d'El-Alamein, en Égypte. Au printemps de la même année, en Asie, les États-Unis bloquent les Japonais en remportant des batailles dans la mer de Corail et, surtout, dans le Pacifique, sur l'île de Midway. À partir de septembre 1942, on l'a vu, les troupes allemandes s'enlisent à Stalingrad. Enfin, en novembre 1942, un débarquement allié a lieu en Algérie et au Maroc. Le conflit entre alors dans sa dernière phase, celle de la victoire des Alliés. Après la victoire de Stalingrad, en février 1943, les troupes allemandes refluent. Les États-Unis, en Asie, poursuivent la reconquête des îles du Pacifique, une à une. Le 6 juin 1944, surtout, le front Ouest est percé par le débarquement allié en Normandie. Peu à peu, l'étau se resserre sur l'Allemagne. Parallèlement, les Alliés commencent à organiser le monde d'après-guerre. En juillet 1944, la conférence de Bretton Woods se réunit qui a pour but de recréer un système monétaire international reposant sur le dollar, monnaie des États-Unis, comme monnaie de réserve mondiale. En février 1945, tandis que les combats se poursuivent, Winston Churchill, le Premier ministre britannique, Franklin Roosevelt, le président des États-Unis, et Joseph Staline, le *leader* de l'URSS, se réunissent à Yalta et organisent le monde en zones d'influences entre Occidentaux et Soviétiques au moment où la paix sera établie. D'avril à juin 1945, la conférence de San Francisco jette les bases de la future Organisation des Nations unies (ONU), chargée de veiller à la paix entre les Nations dans le monde. À cette époque, la défaite de l'Allemagne ne fait plus aucun doute : le 30 avril 1945, Adolf Hitler, retranché avec ses proches dans un bunker, se suicide. Le 8 mai, la capitulation allemande est actée. La guerre s'achève en Europe. En juillet-août 1945, les Alliés se réunissent pour une nouvelle conférence tripartite destinée à élaborer les conditions de la paix future, à Potsdam. Joseph Staline s'y trouve en position de force et parvient à imposer ses vues quant à la division de l'Europe entre l'Ouest acquis aux démocraties libérales et l'Est sphère de la domination soviétique. Mais en Asie, la guerre se poursuit. Afin de l'abréger, les États-Unis décident de recourir à la bombe atomique contre le Japon, à Hiroshima le 6 août et à Nagasaki le 9. C'est à ce jour les deux seules utilisations de cette arme dont le potentiel destructeur est énorme. Le 2 septembre 1945, le Japon finit par capituler. La Seconde Guerre mondiale s'achève. Les procès des dignitaires nazis ont lieu à Nuremberg, en Allemagne, de novembre 1945 à octobre 1946. Rapidement, l'alliance entre les vainqueurs, au rang desquels figure la France grâce à l'action du général de Gaulle en dépit de l'armistice de 1940, se fissure : les bases de la Guerre froide et d'une division du monde entre deux blocs antagonistes est en marche.

L'année 1947

Début de la Guerre froide et reflux de la domination européenne sur le monde

L'année 1947 est décisive dans l'histoire du monde à bien des égards. Principalement, elle voit les États-Unis affirmer leur *leadership* sur le monde libre – autrement dit le camp occidental, le monde s'enfoncer dans un nouveau type de conflit, la Guerre froide, et la domination des Européens sur le monde refluer à la faveur de la décolonisation poussée d'ailleurs tant par les États-Unis que par l'URSS.

Tout d'abord, les États-Unis affirment leur *leadership* sur le monde libre. En mars 1947, le président des États-Unis Harry Truman développe une doctrine – restée dans l'histoire comme la « doctrine Truman » – selon laquelle les États-Unis doivent aider les pays européens à se prémunir du communisme. Surtout, les États-Unis doivent endiguer la progression du communisme vers l'Ouest : c'est la doctrine du *containment* (endiguement en anglais). Pour cela, ils doivent pouvoir aider militairement les pays européens si nécessaire. En outre, ils cherchent alors à favoriser l'unité de l'Europe occidentale. Pour cela, les États-Unis proposent à ces pays un plan d'aide, le plan Marshall, du nom du Secrétaire d'État l'ayant conçu, qui repose sur des dons et des prêts en dollars aux pays européens, en contrepartie de leur unification économique à travers l'Organisation européenne de coopération économique (OECE). Parallèlement, les États-Unis entendent favoriser les principes du libre-échange. Ceux-ci progressent significativement à la fin de l'année 1947, avec la signature des accords du GATT (*General Agreement on Tariffs and Trade*), puis, ensuite, avec les initiatives de rapprochement entre six pays européens – la France, l'Allemagne de l'Ouest, la Belgique, les Pays-Bas, le Luxembourg et l'Italie – dans la Communauté européenne du Charbon et de l'Acier, en 1951. C'est la première pierre posée à l'édifice de l'unité européenne qui est poursuivie en 1957 avec le Traité de Rome qui créé notamment la Communauté économique européenne (CEE), prélude à la création d'un vaste marché commun européen qui entre en vigueur en 1968. Avant cela, les États-Unis renforcent également la protection militaire de l'Europe de l'Ouest, dans la droite ligne de la doctrine posée en 1947, avec le traité de l'Atlantique Nord, signé en 1949, et qui engendre la création de l'Organisation du traité d'Atlantique Nord (OTAN). Les États-Unis sont donc la tête de pont du monde libre au cœur de la Guerre froide.

Précisément, l'année 1947 apparaît comme celle au cours de laquelle l'antagonisme entre l'Ouest libéral et l'Est soviétique devient irrémédiable. Déjà pressenti en mars 1946 par l'ancien Premier ministre britannique Winston Churchill qui parlait, dans un discours à Fulton, de la séparation de l'Europe par un Rideau de fer, l'affrontement larvé entre l'Ouest et l'Est s'aggrave au cours de l'année 1947. En effet, à la doctrine Truman de mars 1947, les Soviétiques répondent en septembre 1947 par le rapport Jdanov qui indique que les partis communistes européens ont un « rôle historique », celui de « se mettre à la tête de la résistance au plan américain d'asservissement de l'Europe ». Entre 1946 et 1949, l'URSS de Joseph Staline satellise les pays situés à l'Ouest de son empire (Hongrie, Allemagne de l'Est, Tchécoslovaquie...) pour constituer un « glacis protecteur » entre l'URSS et le camp occidental. En septembre 1947, le *Kominform* est créé pour coordonner les partis communistes européens voire leur imposer des directives. En réponse au plan Marshall, que l'URSS interdit à ses satellites d'accepter, on créé le Conseil de l'aide économique mutuelle (CAEM). Enfin, en 1955, le pacte de Varsovie, union militaire entre l'URSS et ses satellites, apparaît comme une riposte à la création de l'OTAN et comme l'aboutissement du cycle de structuration des deux blocs entamé en 1947.

Toutefois, il est un point sur lequel l'URSS et les États-Unis s'entendent : c'est celui de la nécessité pour l'Europe de procéder à la décolonisation. Eux-mêmes issus d'une forme de décolonisation, les États-Unis soutiennent cette position à l'ONU, tout comme l'URSS qui rejette la colonisation pour des raisons idéologiques : pour les Soviétiques, fidèles à la doctrine posée par Lénine selon laquelle l'impérialisme est le « stade suprême du capitalisme », la colonisation doit être combattue comme élément constitutif du capitalisme. L'année 1947 est symbolique s'agissant de la décolonisation. En effet, si dès l'année 1945, Hô Chi Minh a proclamé l'indépendance de l'Indochine, colonie française, précipitant le pays dans un guerre dont l'issue n'est pas trouvée avant 1954 et les accords de Genève, c'est en 1947 que l'Empire britannique perd ce qu'il considérait comme son joyau : l'Inde. Le pays est divisé en deux États, l'Union indienne et le Pakistan ; le Pakistan ne disposant pas lui-même d'un territoire d'un seul tenant. Les importants mouvements de populations entre musulmans fuyant l'Union indienne et d'hindouistes partant du Pakistan occidental et du Pakistan oriental conduisent à des heurts qui coûtent sa vie au *leader* de l'indépendance indienne, Gandhi, assassiné par un fanatique hindou en 1948. L'année 1947 est aussi celle de la proposition d'un plan de l'ONU pour partager la Palestine, alors britannique, entre un État arabe et un État juif et établissant Jérusalem, ville trois fois sainte, comme zone internationale. Les Arabes refusent le plan qu'ils estiment être une dépossession de leurs terres. En 1948, les Britanniques choisissent alors de quitter la Palestine. Le 14 mai 1948, l'État d'Israël est proclamé par David Ben Gourion. Le nouvel État est notamment reconnu par l'URSS et les États-Unis mais très vite, la région s'embrase dans un conflit opposant Juifs et Arabes qui n'est toujours pas réglé aujourd'hui. Enfin, toujours en 1947, les Pays-Bas envoient des troupes dans les zones d'Indonésie dont ils n'ont pas encore reconnu l'indépendance alors que cette revendication est de plus en plus persistante. Ces interventions sont un échec et l'Indonésie se libère totalement des Pays-Bas en 1949. Ces premières indépendances ouvrent la voie à une décolonisation quasi générale qui s'étend jusque dans les années 1970, avec les dernières décolonisations en Afrique. Parallèlement, certains des pays nouvellement indépendants cherchent à se fédérer dans un mouvement des non-alignés dont la conférence de Bandoeng (Indonésie) de 1955 marque l'acte fondateur.

Ainsi, les processus géopolitiques enclenchés en 1947 sont déterminants : alors que l'Europe recule et que le Tiers-monde, en voie de développement, peine à s'organiser, les États-Unis et l'URSS apparaissent progressivement comme les deux superpuissances antagonistes qui dominent le monde.

■ Octobre 1962

• Crise des missiles de Cuba

Le 22 octobre 1962, le président des États-Unis annonce à la télévision au peuple étatsunien qu'il détient, photographies à l'appui, les preuves formelles de l'installation de missiles soviétiques à Cuba ainsi que de la présence de sous-marins soviétiques au large de l'Atlantique. Le monde bascule alors dans la crise la plus grave de la Guerre froide. Ce n'est pourtant pas la première. En 1956, les Occidentaux avaient assisté impuissants à la crise de Budapest au cours de laquelle les Soviétiques avaient maté par la force une insurrection en Hongrie. Surtout, en dépit de la théorie de la « coexistence pacifique », prônée par le successeur de Joseph Staline, Nikita Khrouchtchev, et selon laquelle capitalisme et communisme peuvent cohabiter dans le monde, l'URSS autorise en août 1961 les dirigeants de la République démocratique d'Allemagne (RDA) – l'Allemagne de l'Est, satellite de Moscou – à construire un mur autour de Berlin-Ouest pour éviter la fuite des Allemands de l'Est vers l'Ouest libéral. Un peu plus tôt, la même année, les États-Unis avaient soutenu une tentative de débarquement de Cubains opposés à Fidel Castro pour tenter de renverser le régime d'inspiration socialiste mis en place depuis la prise de pouvoir par les castristes en 1959. Ce fut un échec.

Aucune de ces crises n'a fait basculer le monde dans une hypothétique Troisième Guerre mondiale, ce qui constitue alors une crainte réelle parmi les dirigeants et les populations de l'époque : cette guerre, si elle survenait, serait nécessairement nucléaire et donc extrêmement meurtrière. La survenue de la crise des missiles de Cuba, en 1962, fait donc craindre le pire. En effet, lors de son allocution télévisée du 22 octobre, John F. Kennedy, explique de quelle manière il entend riposter à la menace que l'URSS fait peser sur les États-Unis. Averti dès le 14 octobre des entreprises soviétiques à Cuba, John F. Kennedy a pris très rapidement la résolution d'établir un blocus contre Cuba. En outre, il exige, lors de son intervention du 22 octobre, le retrait immédiat des missiles soviétiques à Cuba. Ces missiles sont une réelle menace pour la sûreté des États-Unis : d'une portée de 1 800 km, ils pourraient atteindre les grandes villes du Sud (Miami, La Nouvelle-Orléans, Atlanta…). Surtout, cette portée s'arrête pile au niveau de Washington DC, la capitale du pays. C'est pourquoi, dans l'attente de la réponse de Nikita Khrouchtchev à son ultimatum, John F. Kennedy signe l'acte par lequel le blocus de Cuba est mis en place. Dans un premier temps, les Soviétiques n'entendent pas plier afin de ne pas donner le sentiment qu'ils abandonnent leur allié cubain. Mais, en dépit de l'abattage d'un avion-espion étatsunien le 27 octobre, l'U2 même qui avait permis de révéler les entreprises soviétiques à Cuba, Nikita Khrouchtchev rejette l'hypothèse d'une attaque pour percer le blocus. Selon lui, une telle attitude engendrerait le début de la « guerre thermonucléaire », fatale à l'humanité. Le 28 octobre, Nikita Khrouchtchev fait parvenir un message à son homologue étatsunien dans lequel il explique ne pas vouloir négocier. Pour autant, il annonce le démantèlement des missiles. En fait, une négociation a eu lieu entre les deux pays qui prévoit ce démantèlement à condition que les États-Unis s'engagent à ne jamais attaquer Cuba et à démanteler des fusées qui ont été installées en Turquie et qui sont dirigées vers le bloc soviétique.

À l'issue de la crise, les dirigeants des deux pays ont pris conscience du risque qui a pesé sur la paix mondiale. Ils décident alors de mettre en place une liaison téléphonique et personnelle directe entre eux deux : le « téléphone rouge ».

Cet instrument doit permettre de désamorcer par le dialogue les crises avant qu'elles ne surviennent. C'est un premier pas dans une nouvelle ère des relations entre les deux blocs, la Détente, qui vise à une réduction des antagonismes et à un renforcement des instruments de sécurité collective : traité de non-prolifération nucléaire (1968), accords de limitation des armements (accords SALT), accords d'Helsinki sur la sécurité et la coopération en Europe (1975)...

Octobre 1973

• Premier choc pétrolier

Le 15 août 1971, le président des États-Unis, Richard Nixon, annonce la fin de la convertibilité du dollar en or. Autrement dit, il met fin au système monétaire international hérité des accords de Bretton Woods de 1944. Cette première secousse fragilise l'ordre économique mondial alors encore en plein dans les « Trente Glorieuses » – expression forgée *a posteriori* par l'économiste Jean Fourastié – période de prospérité et de croissance sans précédent qui avait commencé à l'issue de la Seconde Guerre mondiale.

Mais c'est en 1973 que la crise commence réellement, à la suite d'un premier choc pétrolier. Le 17 octobre 1973, les pays arabes producteurs de pétrole annoncent réduire de 5 % leurs exportations de pétrole et de soumettre les pays liés à Israël, à la tête desquels se trouvent les États-Unis, à un embargo pétrolier jusqu'à la libération de territoires occupés par Israël depuis la guerre des Six Jours en 1967. Cette annonce survient en pleine guerre entre Israël d'une part et l'Égypte et la Syrie d'autre part. En effet, la guerre du Kippour a éclaté le 6 octobre 1973 lorsque l'Égypte et la Syrie ont tenté de pénétrer dans le Sinaï et sur le plateau du Golan, territoires occupés par Israël depuis 1967. Rapidement, le Proche-Orient s'embrase : le 9 octobre, l'Irak intervient pour aider l'Égypte et la Syrie, tandis que les Palestiniens et les Jordaniens les rejoignent également. Les combats durent une dizaine de jours au cours desquels Israël parvient à maîtriser les forces arabes. C'est à partir de ces développements du conflit que la décision des pays arabes au sujet de leurs exportations de pétrole peut être comprise.

La conséquence immédiate de cette décision est la hausse brutale du prix du pétrole : le baril qui coûtait environ 3 $ passe à environ 12 $, soit une multiplication par quatre de son prix. Ce renchérissement du prix d'une matière première essentielle aux économies industrialisées jette ces dernières dans une crise d'envergure.

D'abord, elles voient l'inflation grimper. Mais, fait nouveau, l'inflation n'est pas accompagnée d'une croissance de la production, ce qui était le cas jusqu'à présent : certains économistes parlent de « stagflation ». Les politiques peuvent réagir soit en mettant en œuvre des plans de relance, c'est le cas de la France, dans un premier temps, soit en lançant des politiques d'austérité, comme aux États-Unis. Dans tous les cas, la croissance ne repart pas et certaines entreprises font le choix de délocaliser leurs productions pour en baisser le coût. Cela engendre une hausse massive du chômage dans la plupart des pays industrialisés. Surtout, alors que certains effets des politiques économiques mises en œuvre commencent à être ressentis à la toute fin des années 1970, un deuxième choc pétrolier survient, en 1979, ruinant les efforts de presque toute une décennie.

L'année 1989

• Effondrement des « démocraties populaires » et chute du mur de Berlin

Le 9 novembre 1989, le mur de Berlin est abattu par une foule qui avait commencé à manifester dès le 4 novembre pour réclamer une libéralisation du régime politique d'Allemagne de l'Est.

Symbolique, la chute du mur de Berlin n'est pourtant pas l'élément déclencheur des bouleversements politiques de l'année 1989 à l'Est. C'est de Pologne et de Hongrie que les premiers signes de libéralisation des « démocraties populaires » surviennent. Ainsi, en février, le régime hongrois autorise le multipartisme. Surtout, à partir de mai, les Hongrois ouvrent une brèche dans le Rideau de fer qui divise l'Europe en deux depuis la fin de la Seconde Guerre mondiale. Des Allemands de l'Est font le voyage en Hongrie pour passer à l'Ouest, *via* l'Autriche. En septembre, la frontière austro-hongroise est officiellement ouverte. L'exode des Allemands de l'Est se poursuit, déstabilisant très nettement le pouvoir en RDA : en octobre, Erich Honecker, qui dirige cette « démocratie populaire » depuis 1971, quitte ses fonctions.

Avant cela, la Pologne a également ouvert la voie à des élections libres. Depuis le début des années 1980, le syndicat *Solidarnosc* (« Solidarité » en polonais), totalement indépendant du parti communiste, lutte pour la libéralisation du régime. En avril 1989, un accord est passé avec le parti communiste polonais qui débouche sur des élections libres en juin, élections remportées par *Solidarnosc*. Dès août, le premier gouvernement non communiste de Pologne depuis 1945 est nommé, avec à sa tête Tadeusz Mazowiecki.

Autrement dit, lorsque le mur de Berlin s'effondre, le 9 novembre 1989, le processus de libéralisation est déjà bien engagé, sans d'ailleurs qu'intervienne l'URSS. En effet, depuis 1985, cette dernière est dirigée par Mikhaïl Gorbatchev qui a placé son action sous le signe de la *perestroïka* (« restructuration ») et de la *glasnost* (« transparence »). Ainsi, l'URSS laisse entrevoir la possibilité de changements politiques profonds dans les « démocraties populaires » desquelles elle n'entend pas pour autant se couper mais qu'elle souhaite réunir dans une « maison commune européenne ». Toutefois, la chute du mur de Berlin apparaît comme un signal fort pour les « démocraties populaires » ne s'étant pas encore soulevées. En effet, la non-intervention des Soviétiques en dépit de cet événement majeur au sein d'un pays et d'une capitale, Berlin, qui n'ont cessé d'apparaître comme un des enjeux principaux de la Guerre froide, galvanise les libéraux des autres pays d'Europe orientale. Ainsi, le dirigeant communiste bulgare Todor Jivkov est chassé du pouvoir le 10 novembre par son propre *Politburo* avant que son successeur ne renonce de lui-même au monopole communiste sur le pouvoir. De leur côté, les communistes hongrois abandonnent d'eux-mêmes leur doctrine marxiste et perdent les élections. En Tchécoslovaquie, la « révolution de velours » éclate le 17 novembre. Pacifiste, elle parvient à faire chuter le système communiste et un gouvernement non communiste, dirigé par Vaclav Havel, est institué en décembre. Enfin, Nicolae Ceausescu, despote communiste de Roumanie, est renversé dans la violence le 22 décembre. Lui et sa femme sont exécutés le 24 décembre. Ainsi, en quelques mois, l'ensemble de l'édifice mis en place pour protéger l'URSS d'un contact direct avec le bloc occidental est balayé.

Cela emporte deux conséquences principales. La première est la réunification allemande. En effet, en mars 1990, les premières élections libres de RDA sont remportées par les chrétiens-démocrates, favorables à la réunification. En Allemagne de l'Ouest, le chancelier chrétien-démocrate Helmut Kohl, qui avait déjà proposé une « confédération allemande » dès novembre 1989, poursuit le même objectif. L'URSS de Mikhaïl Gorbatchev laisse faire en dépit de ses réticences quant au maintien de la nouvelle Allemagne dans l'OTAN. Il faut encore convaincre les autres pays d'Europe de l'Ouest de l'opportunité de réunifier les deux Allemagnes : une telle hypothèse ferait du nouvel État le plus peuplé de la Communauté européenne. Des négociations en format « 4 + 2 » (les deux Allemagnes ainsi que l'URSS, les États-Unis, la France et la Grande-Bretagne) ont lieu qui aboutissent à la signature d'un traité « portant règlement définitif de la question allemande » le 12 septembre. Le 3 octobre 1990, la réunification a lieu.

L'autre grande conséquence de la dislocation du bloc soviétique consiste en l'intégration progressive des pays ayant reconquis leur souveraineté totale dans les structures d'unification de l'Europe voire du camp occidental. Ainsi, la plupart des anciennes « démocraties populaires » demande à intégrer rapidement l'OTAN. Surtout, le 10 mai 2004, dix pays intègrent l'Union européenne, parmi lesquels huit anciens pays de l'ex-bloc communiste (Estonie, Lituanie, Lettonie, République tchèque, Slovaquie, Slovénie, Pologne et Hongrie) rejoints par la Bulgarie et la Roumanie en 2007 et la Croatie[1] en 2013.

11 septembre 2001

• Attentats contre le World Trade Center de New York et le Pentagone, à Washington

Le 11 septembre 2001, les États-Unis sont confrontés à la première agression d'ampleur et sans déclaration de guerre préalable survenue sur le sol de leur territoire continental. En effet, trois avions sont détournés par des terroristes kamikazes de l'organisation islamiste Al-Qaïda. Deux d'entre eux s'écrasent l'un après l'autre contre les tours jumelles du World Trade Center de New York. Le troisième est lancé contre le Pentagone, le bâtiment de Washington, la capitale des États-Unis, qui centralise l'administration de la Défense du pays. Les images des attentats – tout particulièrement de l'effondrement des deux tours new-yorkaises et des mouvements de la foule en panique – font rapidement le tour du monde et suscitent une émotion considérable chez les pays alliés des États-Unis. Le bilan des attentats est lourd : plus de 3 000 morts.

Mis en perspective historique, ces attentats finissent d'infirmer la thèse de la « fin de l'histoire » ayant fleuri à la suite de la publication d'un essai de Francis Fukuyama à la fin de la Guerre froide, et qui prétendait qu'une fois l'affrontement Est-Ouest terminé, le monde allait s'orienter vers une progression de la démocratie et de la paix en raison de la victoire des États-Unis. Il est vrai que l'effondrement brutal du bloc soviétique a pu laisser penser que le camp occidental avait définitivement remporté une forme d'hégémonie sur le monde. En effet, après la chute des « démocraties populaires », c'est au tour de l'URSS d'imploser. Au début de l'année 1990, les États baltes, intégrés à l'URSS sans leur consentement pendant la

1. À proprement parler, la Slovénie et la Croatie faisaient partie de la Yougoslavie et donc se situaient en dehors du pacte de Varsovie et du giron soviétique mais sous un gouvernement communiste, celui du maréchal Tito, en rupture avec Moscou.

Seconde Guerre mondiale, prennent leur indépendance. À Moscou, les difficultés s'accumulent pour Mikhaïl Gorbatchev : l'économie est en crise et les réformateurs du régime le lâchent peu à peu au profit d'un autre membre du parti, Boris Eltsine. Ce dernier est élu président de la République de Russie, composante de l'URSS, en juin 1991, tandis que Mikhaïl Gorbatchev demeure président de l'URSS, poste créé en mars 1990. En août 1991, une tentative de putsch des conservateurs du parti communiste vise à s'emparer du pouvoir à Moscou, tandis que Mikhaïl Gorbatchev est séquestré en Crimée. Boris Eltsine prend la tête de la résistance au coup d'État, ce qui renforce sa position de nouvel homme incontournable de la vie politique russe. Le communisme reflue radicalement et, à l'automne 1991, la majorité des républiques formant l'URSS ont déclaré leur indépendance. Mikhaïl Gorbatchev, président d'une Union soviétique qui se vide peu à peu de sa substance, finit par démissionner le 25 décembre 1991. La Fédération de Russie succède à l'URSS et la plupart des anciennes républiques constitutives de l'Union se regroupent dans la Communauté des États indépendants. Ainsi, à la fin de l'année 1991, le bloc soviétique n'existe plus et les options défendues depuis 1945 par le camp occidental – la démocratie, l'économie libérale... – se diffusent au-delà du seul bloc de l'Ouest, d'où l'idée d'une fin de l'histoire.

Toutefois, la fin de « l'équilibre de la terreur » entre deux blocs de forces perçues comme équivalentes ne permet pas à la sécurité collective d'être assurée. L'ONU joue certes un rôle, *a fortiori* maintenant que les États-Unis et la Russie ne s'opposent plus leurs *veto* respectifs au Conseil de sécurité de façon automatique – ce qui a permis par exemple à une coalition internationale de riposter rapidement et efficacement à l'invasion du Koweït par l'Irak de Saddam Hussein en 1990 (guerre du Golfe). Mais les différents conflits qui surviennent aux confins de l'Europe dans les années 1990 sur fond de revendications nationales (conflits en ex-Yougoslavie comme la guerre du Kosovo en 1999) ne laissent pas apparaître un ordre international stabilisé. Surtout, les attentats du 11 septembre 2001 marquent le début d'une phase au cours de laquelle les États-Unis, dirigés par George W. Bush, considèrent la défense de leur sécurité comme une nécessité impérieuse et qui permet de recourir parfois à la guerre préventive et à se dispenser d'une résolution du Conseil de sécurité de l'ONU. Certes, la guerre contre le régime des Talibans en Afghanistan, riposte immédiate aux attentats d'Al-Qaïda, est soutenue par la plupart des pays occidentaux et certains pays arabes. Mais la décision étatsunienne d'envahir, en 2003, l'Irak de Saddam Hussein au nom de la présence supposée – voire inventée – d'armes de destruction massive dans ce pays, se fait dans un climat de défiance à l'égard du Conseil de sécurité de l'ONU et contribue à la division de l'Europe et, partant, de l'ex-bloc de l'Ouest, quant à la politique à mener : la France et l'Allemagne sont ainsi les chefs de file d'une opposition à cette guerre tandis que le Royaume-Uni et la plupart des pays d'Europe orientale intègrent la coalition internationale qui destitue en quelques semaines Saddam Hussein. Le 11 septembre 2001 marque donc une rupture dans l'histoire des relations internationales et, d'une certaine façon, tourne la page des grandes tendances diplomatiques du XXe siècle, comme le souligne l'historien René Rémond dans l'ouvrage *Du mur de Berlin aux tours de New York, douze ans pour changer de siècle*[1].

1. René Rémond, *Du mur de Berlin aux tours de New York, douze ans pour changer de siècle*, Paris, Bayard, 2002.

Table des matières

INTRODUCTION.
L'histoire et la géographie après le lycée : épistémologie de deux disciplines autonomes 3

La géographie, cette inconnue 3

La construction de la pensée géographique 4

De l'Antiquité au XIXe siècle : la géographie comme « entrée en possession de la terre » (Ph. Pinchemel *et al.*, 1984) 4

En France, jusqu'aux années 1960-1970 : la géographie classique ou vidalienne 6

Le kaléidoscope de la géographie actuelle 7

La Nouvelle Géographie 7

Aujourd'hui, des géographies et un dénominateur commun : l'espace 12

L'histoire, cette vieille connaissance 17

D'où vient l'histoire ? Genèse de la démarche historique en France 18

L'histoire de l'histoire : la notion d'historiographie 18

Une structuration récente de la discipline et de vifs débats 19

Où va l'histoire ? Quelques principes fondamentaux 22

L'administration de la preuve 22

Le temps 23

Les jeux d'échelles 25

PREMIÈRE PARTIE

S'adapter à de nouvelles exigences

CHAPITRE 1.
Quelles attentes ? 29

I. En classes préparatoires 29

Que sont les classes préparatoires ? 30

À quoi préparent les classes préparatoires ? 32

Classes préparatoires et système universitaire 33

Les épreuves d'histoire et de géographie dans les différents concours organisés par les ENS et l'école nationale des Chartes 34

II. À Sciences Po et dans les Instituts d'études politiques 38

Sciences Po et les Instituts d'études politiques, une formation pluridisciplinaire en sciences humaines et sociales 38

L'histoire à Sciences Po et dans les IEP, un des enseignements fondamentaux 39

La géographie à Sciences Po et dans les IEP, un élément des cours pluridisciplinaires 41

CHAPITRE 2.
Quels outils ? 43

I. Du cours à la fiche 43

Comment prendre en notes son cours ? 43

Que faut-il ficher ? 44

Le répertoire de notions et l'exemplier : les clés du succès 47

II. S'organiser : le rétroplanning 49

La gestion du temps, une priorité absolue 49

Le rétroplanning, un outil sur mesure 50

Fabriquer le rétroplanning 51

III. Trouver l'information : les ressources 54

En histoire 54

En géographie 58

DEUXIÈME PARTIE

Acquérir la méthodologie des différentes épreuves

Gérer son temps, la clef de toutes les épreuves 67

CHAPITRE 1.
La dissertation 69

I. La dissertation en histoire 69

Qu'est-ce qu'une dissertation en sciences humaines ? 69

Les grands principes de la dissertation en histoire 70

Les cinq grandes étapes de la méthode 73

II. La dissertation en géographie 77

La structure globale d'une dissertation 77

Quelle démarche adopter pour réussir une dissertation ? 80

Points importants à avoir en tête et erreurs à ne pas commettre 88

CHAPITRE 2.
Le commentaire de document(s) 99

I. **Le commentaire de document(s) en histoire** 99

Un exercice d'explication de la source 100

Réussir le commentaire de document(s) en histoire : quelques clefs méthodologiques 104

II. **Le commentaire de document(s) en géographie** 116

Le commentaire de carte 116

Le commentaire d'un corpus documentaire en géographie 125

CHAPITRE 3.
L'exposé à Sciences Po 141

I. **Qu'est-ce qu'un exposé ?** 141

Principes généraux 141

Les quatre situations d'exposé à Sciences Po 142

Les grandes étapes 144

II. **L'exposé : questions fréquentes** 146

À qui s'adresse l'exposé ? 146

Comment s'habiller ? 146

Faut-il présenter son exposé assis ou debout ? 146

Peut-on garder ses notes avec soi ? 147

Faut-il faire apparaître son plan ? 147

Faut-il diffuser un diaporama numérique ? 147

TROISIÈME PARTIE

Se constituer une culture géographique et historique : notions et repères

CHAPITRE 1.
Parlez-vous géographe ? 151

I. **De l'importance des mots en géographie** 151

II. **Les notions fondamentales de la géographie à découvrir, à connaître et à aimer !** 152

Les trois paradigmes de la géographie 152

Autres notions indispensables ! 154

CHAPITRE 2.
L'histoire en vingt notions et vingt repères chronologiques 165

I. **Le cœur de métier de l'historien : vingt notions** 166

II. **Vingt repères d'histoire du monde contemporain** 179

Aubin IMPRIMEUR

Achevé d'imprimer en mai 2016
N° d'impression 1605.0163
Dépôt légal, mai 2016
Imprimé en France